Die Dreigroschenoper.
Making of

The Threepenny Opera.
Making of

Barrie Kosky inszeniert Brecht / Weill
am Berliner Ensemble

Barrie Kosky stages Brecht / Weill
at the Berliner Ensemble

mit Fotografien von Jörg Brüggemann
und Texten von Marion Brasch und Juri Sternburg

with Photographs by Jörg Brüggemann
and texts by Marion Brasch and Juri Sternburg

Spector Books

Zwischen Mai 2020 und August 2021 begleitete Jörg Brüggemann als Fotograf den gesamten Probenprozess der Inszenierung der *Dreigroschenoper* von Barrie Kosky am Berliner Ensemble von der ersten Bauprobe bis zur Premiere.

Es gibt an diesem Haus bereits eine Tradition, Theater in das Medium Buch zu übersetzen: In den 1950er Jahren veröffentlichte Bertolt Brecht die Reihe *Modellbücher* des Berliner Ensembles, die helfen sollte, seine Spielweise des epischen Theaters zu veranschaulichen. Die Idee für diese besondere Form des Theater-Fotobuchs stammte von seiner langjährigen Mitarbeiterin Ruth Berlau ebenso wie die meisten Aufnahmen. Bis dahin führte die Fotografie in den Theatern eher eine Randexistenz. Üblich war, von einer Inszenierung in den Pausen der Generalprobe einige Standfotos aufzunehmen. Brecht hingegen bestand darauf, dass alle Aufnahmen während der Aufführung, also aus der Situation des Spiels heraus, entstanden. Dokumentiert wurde in den *Modellbüchern* jeweils die gesamte Aufführung — meist von einem Standpunkt, der die gesamte Bühne zeigt; gelegentlich auch in Bildsequenzen, die exemplarisch vorführen, wie ein Darsteller oder eine Darstellerin den Gestus der Rolle angelegt hat.

Format, Typographie und Erscheinung des vorliegenden Buches beziehen sich auf Brechts Modellbücher, die Intention jedoch unterscheidet sich durchaus von ihrer historischen Vorlage. In den Fotografien von Jörg Brüggemann erhält die fertige Aufführung ebenso viel Raum wie der Probenprozess, die Theaterarbeit. Um beim Blättern zwischen dem Weg und dessen Zielpunkt unterscheiden zu können, sind die Aufnahmen der Proben in Schwarz-Weiß gehalten, während die Bilder der Aufführung farbig gedruckt sind. Auch dieser Band folgt in seinem Aufbau der Chronologie des Stückes, jedoch ist das Bühnengeschehen hier nicht aus der entfernten Perspektive des Zuschauerraums aufgenommen, sondern der Kamerablick mischt sich unter die Beteiligten, um dicht an ihrer Arbeit, ihrem Ausprobieren und ihrer Spiellust, zu sein. Ähnliches gilt für die Gesprächsprotokolle, die Marion Brasch und Juri Sternburg mit den Akteur:innen der Inszenierung geführt haben, auch sie sind während der Proben, aus dem lebendigen Moment der Arbeit heraus, entstanden.

Between May 2020 and August 2021, photographer Jörg Brüggemann documented the entire rehearsal process of Barrie Kosky's production of *The Threepenny Opera* at the Berliner Ensemble, from the set rehearsal all the way to the premiere.

This company has a tradition of translating theatre into the medium of books: in the 1950s, Bertolt Brecht published a series of Model Books of the Berliner Ensemble to illustrate his approach of epic theatre. His long-time collaborator Ruth Berlau came up with the idea for this special form of a theatre photo book, and also took most of the photographs. Up to that point, photography had been a marginal activity in theatres. The usual practice was to take a few production stills during the intervals of the dress rehearsal. In contrast, Brecht insisted on all photos being taken during the performance, that is, in the actual dramatic situation. The Model Books would document the whole performance — usually, from a vantage point that captured the stage as a whole; on occasion, they would also show image sequences that exemplified how an actor or actress had interpreted the role's Gestus.

In format, typography, and appearance this new book references Brecht's original Model Books, but its intention is quite different from its historical counterpart. In Jörg Brüggemann's photographs, the eventual performance is afforded the same space as the rehearsal process, the labour of theatre. To allow the reader to distinguish between the journey and its destination while turning the pages, images of the rehearsals are kept in black and white, while images of the performance are printed in colour. While this volume also closely follows the chronology of the play, the action on stage is not shot from the distant perspective of the auditorium; instead, the camera moves among the actors in order to get close to their work, their experimentation, and their joy of acting. A similar approach is taken in the interviews Marion Brasch and Juri Sternburg conducted with company and crew, which also took place during the rehearsals, out of the vivid moment of work.

Inhaltsverzeichnis / Table of Content

„Erstmal sind es nur Worte von Brecht und Musik von Weill, schwarze und weiße Punkte auf Papier, mehr nicht. Und sie brauchen unseren Atem, um ihnen, den Golems, Leben einzuhauchen. Das ist, was Theater ist, so einfach ist das." (Barrie Kosky)

"At first, they are just words by Brecht and music by Weill, black and white dots on paper, nothing more. And they need our breath to breathe life into them, the golems. That's what theater is, it's as simple as that." (Barrie Kosky)

12. Die Ballade von der sexuellen Hörigkeit
Frau Peachum

„Ich habe keine Ahnung was in den nächsten zwei Monaten passieren wird, aber ich freue mich sehr drauf.“ (Barrie Kosky auf der Konzeptionsprobe)

"I have no idea what's going to happen in the next two months but I'm really looking forward to it." (Barrie Kosky at the concept rehearsal)

7 *Die Moritat von Mackie Messer*, Josefin Platt (Mond über Soho).
8 Adam Benzwi (Musikalische Leitung), Barrie Kosky (Regie), Leonie Rebentisch (Regieassistenz), Sibylle Baschung (Dramaturgie), Simbi Kabageni (FSJ Kultur), Casting / Komische Oper Berlin, 21. November 2020.
10 Barrie Kosky / Komische Oper Berlin, 21. November 2020.
11 Mitarbeiter:innen des Berliner Ensembles, Bauprobe / Probebühne, 12. Mai 2020.

7 *The Ballad of Mack the Knife*, Josefin Platt (Moon Over Soho).
8 Adam Benzwi (Musical director), Barrie Kosky (Director), Leonie Rebentisch (Assistant director), Sibylle Baschung (Dramaturge), Simbi Kabageni (FSJ Kultur), Casting / Komische Oper Berlin, November 21, 2020.
10 Barrie Kosky / Komische Oper Berlin, November 21, 2020.
11 Employees of the Berliner Ensemble, set rehearsal / rehearsal stage, May 12, 2020.

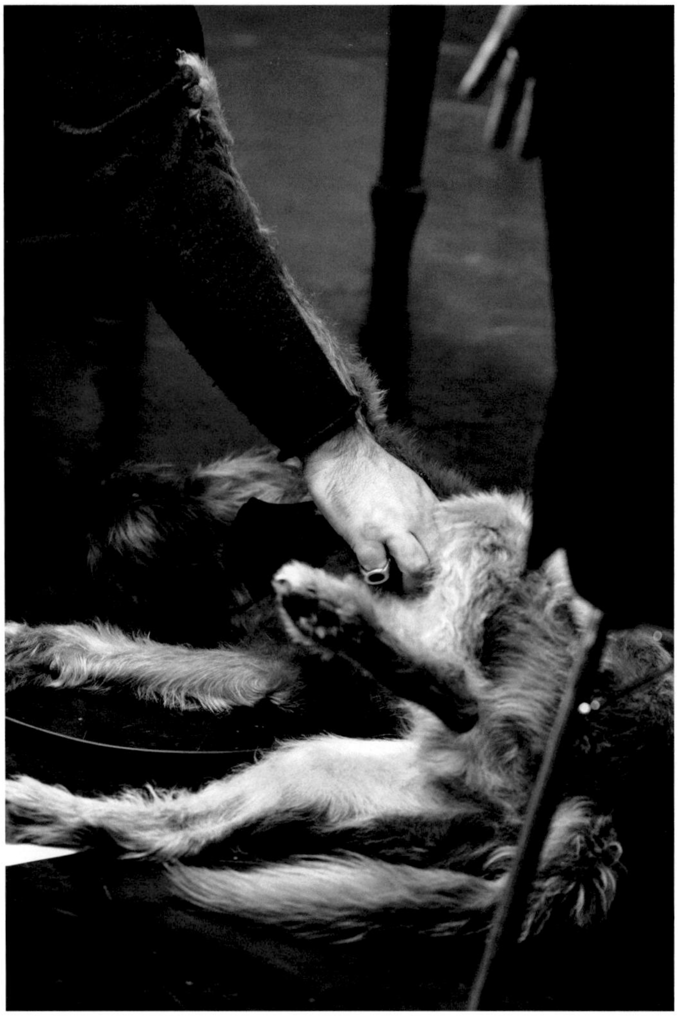

12 Barries Hund Sammy / Komische Oper Berlin, 21. November 2020.
13 Sibylle Baschung (Dramaturgie) / Komische Oper Berlin, 21. November 2020.
14 *Morgenchoral des Peachum*, Tilo Nest (Mr Peachum).

12 Barrie's dog Sammy / Komische Oper Berlin, November 21, 2020.
13 Sibylle Baschung (Dramaturge) / Komische Oper Berlin, November 21, 2020.
14 *Peachum's Morning Choral*, Tilo Nest (Mr Peachum).

Es ist ein großes Glück, in dieser Situation überhaupt arbeiten und proben zu dürfen. Und da wir getestet werden, dürfen wir uns sogar anfassen—das bereichert das Leben gerade ungemein. Abgesehen davon, dass es toll ist, sich mit diesem Werk zu beschäftigen.

[Tilo Nest kommt aus der Probe, er hat Feierabend. Nico Holonics (Macheath) ist als nächster dran, er sitzt im Salon und liest.]
Tilo Nest [belustigt] Du lernst doch nicht etwa noch Text?
[Nico Holonics grinst und geht.]

Nico und ich sehen uns eigentlich kaum, weil wir selten zusammen proben. Und auch im Originalstück begegnen sich Macheath und Peachum fast nicht. Erst am Ende treffen sie aufeinander und Peachum sagt: Ach, Sie sind Macheath! So, sehen Sie also aus!—Das ist bestimmt geflunkert, denn eigentlich weiß Peachum natürlich sehr viel über ihn. Ich hab mit Barrie überlegt, dass sich die beiden gar nicht so unähnlich sind. Vielleicht war Peachum früher wie Mackie, und die junge Frau Peachum war vielleicht eine Polly, die ihr Nest verlässt, sich in der Halbwelt herumtreibt und auf einen tollen Typen reinfällt, der ich, also Peachum, damals gewesen sein muss.

Für mich ist es sehr bewegend, die *Dreigroschenoper* an dem Ort zu machen, an dem sie auch geboren wurde. Aber dann muss ich auch sofort wieder das Gewicht vergessen, dass man sich damit auf die Schultern lädt. Es hilft nicht, darüber nachzudenken, wer oder was Peachum 1928 war—das ist Schnee von vorvorgestern. Wir machen das im Hier und Jetzt und mit einem eigenen Zugang. Wenn wir Glück haben, wird es eine erfolgreiche *Dreigroschenoper*, und dann spielen wir sie im Jubiläumsjahr 2028 vielleicht immer noch.

Beim Aufräumen ist mir neulich eine Brecht-Gesamtausgabe in die Hand gefallen, die ich mir mit fünfzehn oder sechzehn gekauft habe. Ich habe mir selbst eine Widmung von Bertolt Brecht reingeschrieben: „Zu Ihrem 80-jährigen Bühnenjubiläum—Bertolt Brecht“. Fand ich damals wohl witzig. Aber eigentlich war Kurt Weill meine Initialzündung. Als Kind war ich irgendwann mit meiner Mutter in der *Dreigroschenoper* und war beeindruckt von der Arbeit, die die Schauspieler da leisteten. Wir saßen ganz weit vorn und konnten ihren Schweiß riechen. Ich fand das überhaupt nicht eklig, sondern faszinierend.

Und dann sagte meine Mutter, die sehr klassikorientiert war: „Das ist aber eine ganz schöne Rumpelpumpel-Musik.“ Das konnte ich überhaupt nicht nachvollziehen, denn bei mir hat das einen musikalischen Nerv getroffen, und ich hab mich sofort in diese Musik verliebt. Brecht ist mir dann später in meinen Anfängerjahren in Bochum wieder begegnet, als wir einen Liederabend aufführten. „Lust auf 'nen kleinen Wind“ hieß der. Da habe ich den „ordinären“ Brecht, der sehr saftig über Sex schreibt, entdeckt.

Ich finde, dass viele der moralischen Aussagen der *Dreigroschenoper* ihr Gewicht auf besondere Weise durch die Musik bekommen. Es gibt ein sehr treffendes und auch berührendes Zitat von Franca Rame: „Es öffnet sich nicht nur der Mund beim Lachen, sondern das Gehirn. Und ins Gehirn können Nägel der Vernunft eintreten.“—Ich empfinde das bei der Musik von Weill. Die macht die Haut durchlässig, um das andere rein- und zuzulassen.

Ich gehöre definitiv nicht zu den Darstellern, die ihre Rolle zu Hause am Reißbrett planen und genau wissen, was zu tun ist. So etwas entsteht bei mir immer durch Intuition und durch die Chemie auf der Probe. An einem Theater hatte ich mal den Ruf als der größte „Rückendarsteller“ am Haus, da ich gern auch mal länger mit dem Rücken zum Publikum stehe. Doch der Rücken erzählt genauso viel wie die Augen, manchmal sogar mehr. Und mein Peachum soll nicht sofort zu lesen sein, sondern überraschend bleiben, ein quirliger und dann auch wieder depressiver „Checker“—unberechenbar und ambivalent.

It is a blessing to be allowed to work and rehearse at all in this difficult situation. And since we're being tested, we're even allowed to touch one another—which is just such an incredible boost to our lives right now. Apart from the fact that it's amazing to be involved with this work anyways.

[Tilo Nest emerges from the rehearsal, he has finished his work for the day. Nico Holonics (Macheath) is next, he sits in the green room and reads.]
Tilo Nest [amused] "You're not still learning lines, are you?"
[Nico Holonics grins and goes in.]

Nico and I hardly ever see each other, actually, because we rarely rehearse together. In the original play, Macheath and Peachum hardly ever cross paths. They only meet at the end, and Peachum says, "Oh, you're Macheath! So that's what you look like!"—That is most certainly a fib because Peachum does of course know a great deal about his counterpart. I've been musing with Barrie that the two aren't all that dissimilar. Perhaps Peachum used to be like Mackie, and the young Mrs Peachum might have been a Polly who flies the coop, hangs out in the demimonde, and falls for a fancy fellow, which is what I, or rather Peachum, must have been at the time.

It is very moving for me to perform *The Threepenny Opera* in the place where it was conceived. But then I have to immediately forget the weight one takes on with this. It's no use to think about who or what Peachum was in 1928—that's water under the bridge. We are acting in the here and now, with our very own approach. If we're lucky, it will be a successful Threepenny Opera, and then we might even still be performing it in the anniversary year of 2028.

When I was tidying up the other day, I chanced upon an edition of Brecht's complete works that I bought when I was fifteen or sixteen. I wrote myself a dedication from Bertolt Brecht: "For your 80th stage anniversary—Bertolt Brecht". But it was Kurt Weill who sparked me off. When I was a child, I went to see *The Threepenny Opera* with my mother and was impressed by the actors' efforts. We sat right up front and could smell their sweat. I didn't find it disgusting at all, but fascinating.

And then my mother, who was very classical music-oriented, said, "Well, the music is a bit of a racket." I couldn't understand that at all, because it had touched a musical nerve with me, and I immediately fell in love with this music. I encountered Brecht again in my early years in Bochum when we performed a song recital. It was called "The Little Wind Bring You Joy." That's when I discovered the "vulgar" Brecht, who writes very juicily about sex.

I find that many of the moral statements in *The Threepenny Opera* draw their weight specifically from the music. There is a poignant and also very touching quote by Franca Rame: "Your mouth opens wide in laughter, but so does your brain and the nails of reason are driven into your brain."—Weill's music makes me feel that way. It opens up the skin to admit and accept that which is different.

I'm most definitely not one of those performers who plan their roles on the drawing board and know exactly what they have to do. For me, these things always come from intuition and through the chemistry of the rehearsal process. At one theatre, I used to have the reputation of being the greatest "back actor" in the house, because I sometimes like to stand with my back to the audience for longer periods of time. But the back reveals just as much as the eyes, sometimes even more. And my Peachum should not be instantly readable but remain surprising, a lively and yet depressive go-getter—unpredictable and ambivalent.

17 *Morgenchoral des Peachum*, Tilo Nest (Mr Peachum), szenische Probe / Probebühne, 8. Januar 2021.
18 *Mr und Mrs Peachum*, Tilo Nest, Constanze Becker (Mrs Peachum).
20 Szenische Probe / Probebühne, 8. Januar 2021.
21 Barrie Kosky, szenische Probe / Probebühne, 15. Dezember 2020.

17 *Peachum's Morning Choral*, Tilo Nest (Mr Peachum), scene rehearsal / rehearsal stage, January 8, 2021.
18 *Mr and Mrs Peachum*, Tilo Nest, Constanze Becker (Mrs Peachum), scene rehearsal / rehearsal stage, January 8, 2021.
20 Scene rehearsal / rehearsal stage, January 8, 2021.
21 Barrie Kosky, scene rehearsal / rehearsal stage, December 15, 2020.

24 *Hochzeitslied*, Leseprobe / Probebühne, 11. Dezember 2020.
25 Nicky Wuchinger, Denis Riffel, Cynthia Micas (Polly), Julie Wolff, Leseprobe / Probebühne, 11. Dezember 2020.

24 *Wedding Song*, readthrough / rehearsal stage, December 11, 2020.
25 Nicky Wuchinger, Denis Riffel, Cynthia Micas (Polly), Julie Wolff, readthrough / rehearsal stage, December 11, 2020.

27 *Hochzeitslied*, Cynthias Micas (Polly), Nico Holonics (Macheath), Barrie Kosky, szenische Probe / Probebühne, 15. Dezember 2020.

27 *Wedding Song*, Cynthias Micas (Polly), Nico Holonics (Macheath), Barrie Kosky, scene rehearsal / rehearsal stage, December 15, 2020.

„Ihr seid die Trüffel, ich bin nur das Trüffelschwein. Das ist meine Idee von Regie.“ (Barrie Kosky)

“You are the truffles, I am just the truffle pig. That’s my idea of directing.” (Barrie Kosky)

28 *Hochzeitslied*, Denis Riffel, Julie Wolff, Julia Berger, Andrea Wesenberg, Cynthia Micas (Polly), erste Bühnenprobe mit Kostüm / Großes Haus, 22. Januar 2021.
31 Adam Benzwi, Leseprobe mit anschließender Gesangsprobe / Probebühne, 11. Dezember 2020.
32 Nico Holonics (Macheath).

28 *Wedding Song*, Denis Riffel, Julie Wolff, Julia Berger, Andrea Wesenberg, Cynthia Micas (Polly), first on-stage rehearsal in costume / Großes Haus, January 22, 2021.
31 Adam Benzwi, readthrough followed by singing rehearsal / rehearsal stage, December 11, 2020.
32 Nico Holonics (Macheath).

[Die Stufen der Treppe zum oberen Foyer knarren.] Wer weiß, vielleicht sind das die Geister von damals. Das ist nicht einschüchternd, aber da ist schon dieser Respekt vor der Tradition des Hauses, in dem damals die Uraufführung war. So lange her und auch wieder nicht. Und dass ich jetzt hier sein und mitarbeiten darf, ist ein Geschenk.

Ich komme aus Augsburg, wie Brecht. An seinen Geburtstagen ging es mit dem Bollerwagen zu seinem Geburtshaus, und mein Vater legte die Lieder der *Dreigroschenoper* auf, Originalaufnahmen von Brecht gesungen. Am meisten mag ich das *Lied von der Unzulänglichkeit menschlichen Strebens*, das hat mein Vater immer gesungen ...

> Der Mensch ist gar nicht gut
> Drum hau ihm auf den Hut.
> Hast du ihn auf den Hut gehaut
> Dann wird er vielleicht gut.

Dennoch hatte die *Dreigroschenoper* für mich früher etwas seltsam Starres. Doch Barrie befreit das Stück von seinem Moralismus. Ihm geht es um die Figuren in ihrer ganzen Ambivalenz, er ist sehr nah an den Menschen dran, an ihren Beziehungen und Geschichten. Und bei ihm gibt es eine Komik, die ich in dem Stück früher überhaupt nicht gesehen hatte. Er hat ganz klare Vorstellungen von den Figuren, und wie man sie ins Heute holt. Was ist heutzutage ein Verbrecher, wie kann der aussehen?

Bilder, Muster, Farben ... Barrie sucht aus, und dann fängt die Arbeit an. Bis das Kostüm irgendwann perfekt auf die Figur zugeschnitten ist. Ich finde es interessant, durch die Stadt zu gehen und zu gucken, was die Leute anhaben und warum sie das tragen. Flaschensammlern sieht man ihre Armut mitunter gar nicht an, man sieht nicht, wie's ihnen wirklich geht. Und ein Verbrecher kann durchaus in einem gut sitzenden maßgeschneiderten Anzug rumlaufen.

Die Kunst besteht darin, nicht naturalistisch abzubilden, was die Leute heute tragen. Sie besteht in der Überhöhung und Überzeichnung, erst dadurch werden die Figuren klar gesetzt. Und dann sind die scheinbar einfachsten und unkompliziertesten Kostüme mitunter die größte Herausforderung. Das hat mit der Vielschichtigkeit der Figuren zu tun. Mackie Messer zum Beispiel ist eine sehr interessante Figur. Seine Ambivalenz im Kostüm mitzuerzählen und trotzdem klar und einfach zu bleiben, ist eine Gratwanderung.

Der Beruf der Kostümbildnerin hat auch viel mit Psychologie zu tun. Im Idealfall unterstützt das Kostüm sowohl die Rolle als auch die Schauspieler. Wenn sie während der Anprobe das Gefühl haben, sie können etwas damit anfangen und auch damit spielen, ist das eine sehr große Befriedigung. Natürlich gibt es auch Probleme. Wenn Schauspieler eine ganz starke Vorstellung von ihrer Rolle haben und der Regisseur eine ganz andere — das wirkt sich sehr oft auch auf das Kostüm aus. Dann wird auch mal verworfen und was anderes probiert.

Barrie ist sehr klar in dem, was er braucht und möchte und was nicht. Man kann ihn immer fragen. Es macht Spaß, bei den Proben dabei zu sein, weil seine Art zu arbeiten etwas Genialisches hat. Und weil er ein sehr guter Handwerker ist, das merken auch die Schauspieler.

Am spannendsten ist es, wenn die Kostüme das erste Mal auf die Bühne kommen, auch mit Licht. Es ist sehr aufregend zu sehen, ob es funktioniert oder nicht. Am Anfang schaue ich immer nur auf die Säume und wie dieses oder jenes Kostüm sitzt — da habe ich noch keinen Blick fürs ganze Stück. Der kommt erst nach der zweiten oder dritten Probe, da sehe ich dann, wie alles zusammen wirkt.

[The stairs to the upper foyer are creaky.] Who knows, maybe those are the ghosts from back then. It's not intimidating, but there's this respect for the tradition of the house where the first performance took place. It was so long ago, and then again it wasn't. And the fact that I can now be in this very place and a part of it is a gift.

I am from Augsburg, like Brecht. On his birthdays, we would go to his birthplace with a handcart, and my father would put on the songs from *The Threepenny Opera*, original recordings sung by Brecht. My favourite is the *Song of the Inadequacy of Man's Higher Nature* the most, my father used to sing it ...

> Since people ain't much good
> Just hit ,em on the hood
> If you have hit ,em on the hood
> They may just turn out good

Nevertheless, *The Threepenny Opera* always seemed strangely rigid to me. Barrie, however, liberates the play from its moralism. All he's concerned with are the characters and their ambivalence; he homes in very closely on the individuals, on their relationships, and their stories. And he brings a comedy to it that I had never seen in the play before. He has very clear ideas about the characters, and about bringing them into the present day. What constitutes a criminal in our day and age, what can he look like?

Images, patterns, colours ... Barrie takes his pick, and then the work begins. Until the costume is perfectly tailored to the character at some point. I find it interesting to walk through the city and observe what people are wearing and why they are wearing it. Sometimes the poverty of a bottle collector doesn't show at all, you cannot see how they're really doing. And a criminal can certainly be dressed in a well-fitting, tailor-made suit.

It is not a matter of simply reproducing the look that people are wearing today. The trick is to elevate and exaggerate so that the characters are clearly defined. Sometimes the costumes that seem the simplest and most uncomplicated are the greatest challenge. This relates to the complexity of the characters. Mackie Messer, for example, is a very interesting character. To convey his ambivalence in costume and yet keep it clear and simple is a balancing act.

The profession of a costume designer is also very much about psychology. Ideally, the costume will support both the role and the actors. If they can feel they can do something with it during the fitting and also play with it, that is a very great satisfaction. There are of course problems as well. When actors have a very specific idea of their role and the director views it in a very different way, that often has an impact on the costume. In that case, designs are sometimes discarded and something else is tried instead.

Barrie is very clear on what he does or does not need and want. You can always ask him. It's fun to be at the rehearsals because there's something inspired about the way he works. And because he's a very good craftsman, which is something the actors also pick up on.

The most exciting part is when the costumes appear on stage for the first time, with full lighting. It's quite a thrill to see whether it works or not. In the beginning, I always focus on the hems and how this or that costume fits—I don't have an eye for play as a whole yet. That only comes after the second or third rehearsal, when I see how it all works together.

35 *Hochzeitsszene*, Adam Benzwi, Nico Holonics (Macheath), Cynthia Micas (Polly).
36 Cynthia Micas (Polly), Bettina Hoppe (Spelunken-Jenny), erste Bühnenprobe mit Kostüm / Backstage Großes Haus, 22. Januar 2021.
37 Adam Benzwi, Nico Holonics (Macheath).

35 *Wedding scene*, Adam Benzwi, Nico Holonics (Macheath), Cynthia Micas (Polly).
36 Cynthia Micas (Polly), Bettina Hoppe (Ginny-Jenny), first on-stage rehearsal in costume / Backstage Großes Haus, January 22, 2021.
37 Adam Benzwi, Nico Holonics (Macheath).

„Die *Dreigroschenoper* ist ein Hybrid, geplant als Satire auf die Idee des Musiktheaters". (Barrie Kosky)

„*The Threepenny Opera* is a hybrid, planned as a satire on the idea of musical theatre". (Barrie Kosky)

38 *Hochzeitsszene*, Cynthia Micas (Polly), Nico Holonics (Macheath).
40 Bühnenbildmodell / Probebühne, 23. Dezember 2020.
41 Bühnenbauer Hertzer GmbH / Berlin-Niederschönhausen, 9. Dezember 2020.

38 *Wedding scene*, Cynthia Micas (Polly), Nico Holonics (Macheath).
40 Set design maquette / rehearsal stage, December 23, 2020.
41 Stage builders Hertzer GmbH / Berlin-Niederschönhausen, December 9, 2020.

42 Werkstatt Hertzer GmbH / Berlin-Niederschönhausen, 9. Dezember 2020.
43 *Seeräuber-Jenny*, Cynthia Micas (Polly), erste Generalprobe / Großes Haus, 28. Januar 2021.

42 Workshop Hertzer GmbH / Berlin-Niederschönhausen, December 9, 2020.
43 *Pirate-Jenny*, Cynthia Micas (Polly), first dress rehearsal / Großes Haus, January 28, 2021.

44 Bühneneinrichtung, interne Durchlaufprobe / Großes Haus, 29. Januar 2021.
46 *Seeräuber-Jenny*, Cynthia Micas (Polly), erste Generalprobe / Großes Haus, 28. Januar 2021.
47 Modell der Bühne / Probebühne, 23. Dezember 2020.

44 Putting up the set, in-house dress rehearsal / Großes Haus, January 29, 2021
46 *Pirate-Jenny*, Cynthia Micas (Polly), first dress rehearsal / Großes Haus, January 28, 2021.
47 Set design maquette / rehearsal stage, December 23, 2020.

48 Bauprobe / Großes Haus, 12. Mai 2020.
49 Beleuchtungsprobe / Großes Haus, 26. Januar 2021.
50 *Seeräuber-Jenny*, Cynthia Micas (Polly).

48 Set rehearsal / Großes Haus, May 12, 2020.
49 Lighting rehearsal / Großes Haus, January 26, 2021.
50 *Pirate-Jenny*, Cynthia Micas (Polly).

Ich genieße es jeden Tag, herzukommen und zu spielen und bin glücklich, dass ich mich in dieser schwierigen Zeit noch so austoben kann. Wir dürfen das Schöne und Lustvolle an diesem Beruf ausleben in der Hoffnung, dass irgendwann auch mit den anderen zu teilen. Ich habe gemerkt, wie sehr dieser Beruf davon lebt, mit anderen Menschen in Kontakt zu sein. Durch die Distanz, der man im alltäglichen Leben ausgesetzt ist, ist mir klar geworden, wie sehr mir auch der körperliche Umgang auf der Bühne gefehlt hat. Endlich mal wieder jemanden zu schubsen und zu umarmen — das ist wunderschön!

Ich war vielleicht fünf oder so, da hat mir meine Mutter während langer Autofahrten oft „Und der Haifisch, der hat Zähne" vorgesungen. Und irgendwann habe ich *Aufstieg und Fall der Stadt Mahagonny* in der Inszenierung von Günter Krämer in Hamburg gesehen — ich war bestimmt zehnmal in der Vorstellung und hab mir dann auch die CD gekauft. Ich kannte alle Lieder auswendig, später auch die der *Dreigroschenoper*. Das ist manchmal auch ein bisschen hinderlich, weil ich die Aufnahmen über die Jahrzehnte so verinnerlicht habe, dass es schwer war, mich davon zu lösen und was Neues zu finden.

Mein Lieblingslied war schon immer *Die Ballade von der sexuellen Hörigkeit*. Die wollte ich eigentlich auch bei der Aufnahmeprüfung in der Schauspielschule singen. Aber ich hab mich nicht getraut, weil ich dachte, das nimmt mir keiner ab mit meiner Lebenserfahrung von neunzehn Jahren. Auf meiner CD sang das Lied eine ältere Frau mit einer tiefen Stimme, die hatte so ein spezielles „R", das der arme Adam nicht rauskriegt bei mir, aber bis zur Premiere werden wir's bestimmt schaffen, dann ist es weg, dieses „R".

Ich spiele Mrs Peachum, und die ist viel lust- und spaßvoller, als ich immer gedacht habe. Sie ist eben nicht nur diese deprimierte, alkoholabhängige Frau, die grantig rumschnauzt und moralisch die „sexuelle Hörigkeit" besingt. Das ist viel mehr eine Verführung als eine Belehrung. Als ich bei den Figurinen zum ersten Mal gesehen habe, dass sie einen schwarzen Pelzmantel anhat, habe ich das zuerst nicht verstanden. Doch dann dachte ich, warum sollte eine Frau von unten, die es in einem zwielichtigen Milieu zu etwas gebracht hat, keinen Pelzmantel tragen? Und das hat mir dann so gut gefallen, dass sie jetzt nur noch diesen Pelzmantel trägt. Es macht mir unglaublichen Spaß, sowas auf die Spitze zu treiben und ins Extrem zu denken. Daraus ergibt sich dann eine bestimmte Körperlichkeit und auch eine Sprache, bei der man versucht, so zu sprechen wie der Pelzmantel und dann rutscht man doch wieder ab in die Niederungen, aus denen man sich hochgearbeitet hat. Und ich finde, Mrs Peachum ist eine Frau, die durchaus Freude am Leben hat. Das macht vielleicht auch die Vielschichtigkeit der Rolle aus. Ich finde nichts schlimmer, als immer nur schlechtgelaunte Menschen auf der Bühne zu sehen. Es gibt schon genug schlechte Laune in der Welt.

I truly appreciate coming here every day to act, and I am happy to be able to have a chance to express myself in such difficult times. We get to live out what is beautiful and pleasurable about this profession in the hope that someday we will be able to share that with others. I have noticed how much this profession thrives on being in touch with other people. The distance that one is exposed to in everyday life made me realize just how much I missed the physical contact on stage. Finally being able to push and hug someone again — it's wonderful!

When I was about five years old, my mother would often sing "Mack The Knife" to me during long car journeys. And at some point I saw *The Rise and Fall of the City of Mahagonny* staged by Günter Krämer in Hamburg — I must have seen the performance ten times at least, and I also bought the CD. I knew all the songs by heart, later also those of *The Threepenny Opera*. At times, that's a bit of a constraint, because over the decades I've internalized these recordings to such an extent that it was difficult to break away from them and try something new.

My favorite song has always been *The Ballad of Sexual Dependency*. I had planned on reciting it at the entrance exam for drama school. But I didn't dare because I thought no one would buy it with my life experience of a nineteen-year-old. On my CD, the song was sung by an older woman with a deep voice who had a special way of pronouncing the "R" that poor Adam cannot get out of me, but I'm sure by the time we open it will be gone, this peculiar "R".

I play Mrs Peachum, and she's much more passionate and entertaining than I always thought. She's so much more than this depressed, alcoholic woman who snarls at everyone around her and moralizes about "sexual dependency". This song is more of a seduction than a cautionary tale. When I first saw in the figurines and noticed that she was going to be wearing a black fur coat, I didn't understand at first. But then I thought, why shouldn't a woman from the gutter, who has made something of herself in a seedy environment it in a shady milieu, wear a fur coat? And I liked that so much that she wears this fur coat all the time now. It's incredibly fun for me to take something like that to the extreme. The result is a certain physicality and a way of speaking that comes from the place of the fur coat, and then you end up slipping back into the depths from which you've been working your way up. And I think Mrs Peachum is a woman who definitely enjoys life. Maybe that's what makes the role so complex. To me, there's nothing worse than seeing people on stage who are always grumpy. There's enough grumpiness in the world as it is.

53 Kathrin Wehlisch (Tiger Brown), vor der ersten Bühnenprobe mit Kostüm / Maske, 22. Januar 2021.
54 Lena Hille (Maske), Bettina Hoppe (Spelunken-Jenny), Kathrin Wehlisch, vor der ersten Bühnenprobe mit Kostüm / Maske, 22. Januar 2021.
55 *Auftritt Tiger Brown.*

53 Kathrin Wehlisch (Tiger Brown), before the first on-stage rehearsal in costume / Make-up, January 22, 2021.
54 Lena Hille (Make-up), Bettina Hoppe (Ginny-Jenny), Kathrin Wehlisch, before the first on-stage rehearsal in costume / Make-up, January 22, 2021.
55 *Entry of Tiger Brown.*

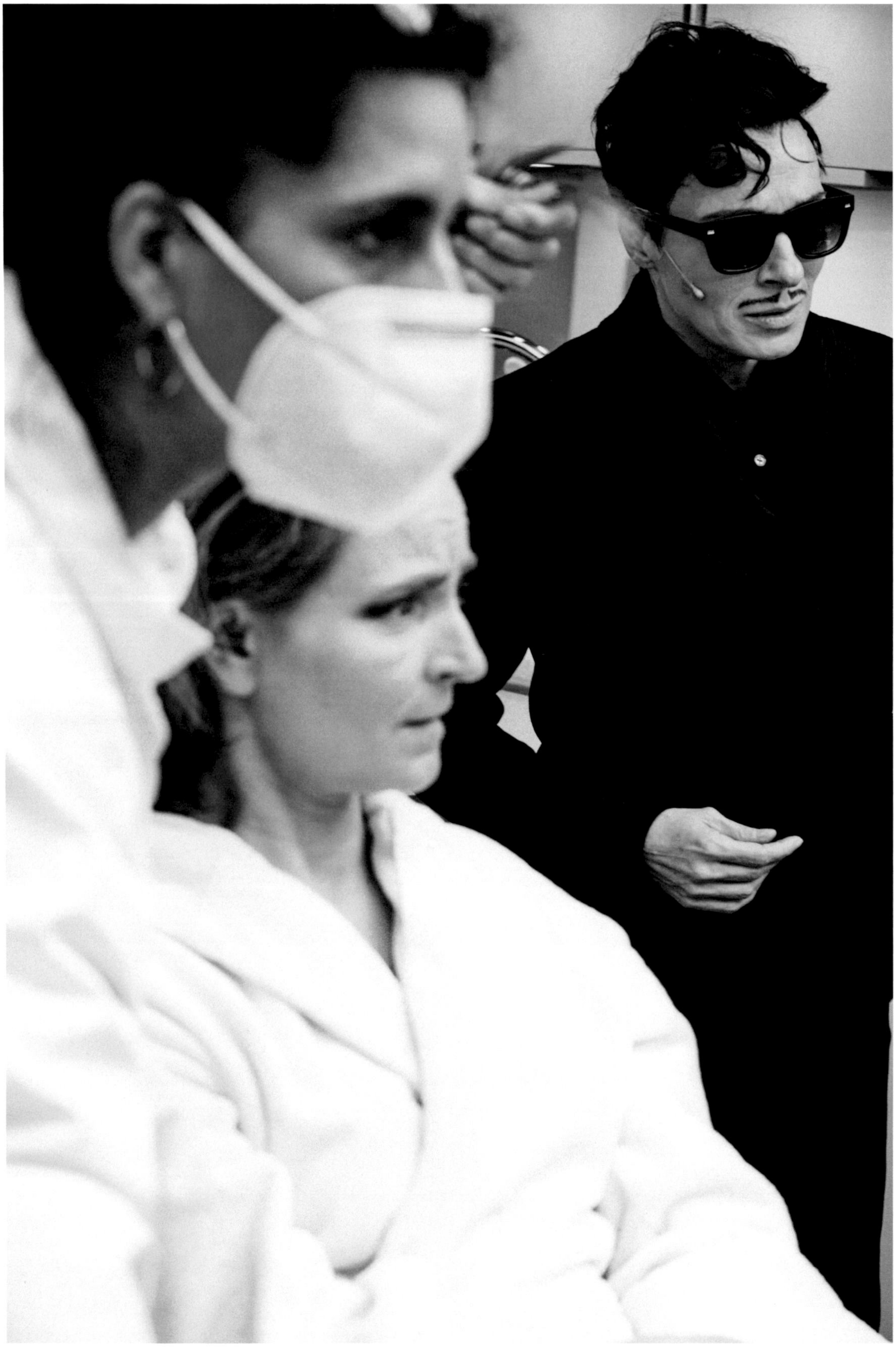

56 *Hochzeitsszene*, Cynthia Micas (Polly), Kathrin Wehlisch (Tiger Brown), Nico Holonics (Macheath).
58 *Der Kanonen-Song*, Kathrin Wehlisch.
59 *Der Kanonen-Song*, Nico Holonics, Adam Benzwi, Kathrin Wehlisch, Gesangsprobe / Probebühne, 6. November 2020.

56 *Wedding scene*, Cynthia Micas (Polly), Kathrin Wehlisch (Tiger Brown), Nico Holonics (Macheath).
58 *Cannon Song*, Kathrin Wehlisch.
59 *Cannon Song*, Nico Holonics, Adam Benzwi, Kathrin Wehlisch, Singing rehearsal / rehearsal stage, November 6, 2020.

63 *Der Kanonen-Song*, Nico Holonics (Macheath), Kathrin Wehlisch (Tiger Brown), szenische Probe / Probebühne, 11. Dezember 2020.

63 *Cannon Song*, Nico Holonics (Macheath), Kathrin Wehlisch (Tiger Brown), scene rehearsal / rehearsal stage, December 11, 2020.

Nach der Probe stehen Tilo Nest und Constanze Becker (Mr und Mrs Peachum) im Innenhof. Auf die Frage, wie es liefe, antwortet Tilo Nest: „Wir sind noch Suchende."

After the rehearsal, Tilo Nest and Constanze Becker (Mr and Mrs Peachum) stand in the courtyard. When asked how things were going, Tilo Nest answers: "We are still searching."

64 *Mr und Mrs Peachum*, Tilo Nest, Constanze Becker, szenische Probe / Probebühne, 8. Januar 2021.
65 *Barbara-Song*, Cynthia Micas (Polly), Constanze Becker (Mrs Peachum), Tilo Nest (Mr Peachum).
66 *Barbara-Song*, Constanze Becker, Tilo Nest.
68 Rebecca Ringst (Bühne), Annette Hunger (Bühnenbildassistenz), Barrie Kosky, Leonie Rebentisch, Johanna Rolshausen (Regiehospitanz), Sibylle Baschung, szenische Probe / Probebühne, 8. Januar 2021.

64 *Mr and Mrs Peachum*, Tilo Nest, Constanze Becker, scene rehearsal / rehearsal stage, January 8, 2021.
65 *Barbara Song*, Cynthia Micas (Polly), Constanze Becker (Mrs Peachum), Tilo Nest (Mr Peachum).
66 *Barbara Song*, Constanze Becker, Tilo Nest.
68 Rebecca Ringst (Stage Design), Annette Hunger (Assistant Stage Designer), Barrie Kosky, Leonie Rebentisch, Johanna Rolshausen (Hospitant), Sibylle Baschung, scene rehearsal / rehearsal stage, January 8, 2021.

Rebecca Ringst
Bühnenbild

13. Januar 2021

Von Anfang an war klar, dass alle Szenen nachts spielen. Wir hatten diese Bilder von nassem Asphalt im Kopf, vom Licht der Straßenlaternen, dass in den Pfützen schimmernd reflektiert. Dreck und Glitzer. Das Gefühl von Einsamkeit, Kälte und Verlorenheit.

Es geht um Menschen, die keine Beziehungen aufbauen können, die immer auf der Suche nach etwas sind, aber nie irgendwo ankommen und in einer Welt leben, in der sie sich permanent verkaufen müssen. Alles ist ein Geschäft. Gefühle sind nur vorgetäuscht. Zugespitzt formuliert: „everybody is a whore".

Wir haben an das Rotlichtviertel in Amsterdam denken müssen, an die Frauen, die sich in Schaufenstern präsentieren. Von diesem Bild ausgehend sind wir bei den beleuchteten Zellen gelandet, in denen jede Figur vereinzelt sitzt.

Das alleine war uns von der Struktur her aber zu simpel und dann haben wir das mit der Idee eines Labyrinths verknüpft, ein labyrinthisches Rattennest auf das wir von außen drauf schauen.

Wir sehen die Figuren, wie sie sich darin bewegen, sich winden, wie sie versuchen, einen Ort zu finden, sich zu verstecken, dann wieder ausgestellt werden. Manche schlängeln sich elegant durch das Gerüst, andere kämpfen, stoßen an und verkanten sich.

Zu dem Stahlgerüst kommen die Glitzer-Vorhänge. Der Stoff aus dem die Träume sind. Mit deren Hilfe man „sich verkaufen" und effektvoll „präsentieren" kann.

Eine harte, kalte Welt, die im Licht hin und her schimmert — zwischen Grandiosität und Drecksloch.

Rebecca Ringst
Stage Design

January 13, 2021

It was clear from the very beginning that all the scenes would take place at night. We had these images of wet asphalt in our heads, of the glow from street lights reflected in the puddles. Dirt and glitter. The feeling of being alone, cold, and lost.

This is about people who can't form relationships, who are always looking for something but never get anywhere, and who inhabit a world in which they have to sell themselves constantly. Everything is a business. Emotions are merely feigned. To put it bluntly: "everybody is a whore".

We thought of the red light district in Amsterdam, of the women who present themselves in shop windows. From this image, we ended up with the brightly lit cubicles in which each figure sits isolated.

But that in itself was too simple for us in terms of a structure, and so we linked it to the idea of a labyrinth, a labyrinthine rat's burrow that we observe from the outside.

We see the characters as they move around in it, as they squirm, trying to find a place to hide and then being exposed again. Some elegantly weave their way through the scaffolding, others struggle, bump into each other, and get stuck.

The steel scaffolding is complemented by the sequin curtains. The fabric of dreams. Which helps to "sell oneself" and to "present oneself" to great effect.

A hard, cold world that shimmers back and forth in the light — between grandiosity and shithole.

Es ist ein bisschen surreal, weil die Probenbedingungen wegen Corona geradezu luxuriös waren, wir hatten fast doppelt so viel Zeit wie sonst. Was die technischen Abläufe angeht, sind wir so gut wie fertig. Es muss jetzt alles nur noch in Fleisch und Blut übergehen. Es ist schade, dass wir die Premiere nicht vor Publikum spielen können, so stellt sich auch das entsprechende Gefühl leider nicht ein.

Ich habe in Salzburg mal eine semikonzertante Version der *Dreigroschenoper* von HK Gruber gemacht, die sehr prominent besetzt war. Bereits in den 1980er Jahren habe ich als Westberliner, für den es sehr einfach war, rüberzukommen, die alte Wekwerth-Inszenierung gesehen. Das war interessant, habe ich aber abgebucht unter „Historische Aufführungspraxis". Und die Wilson-Aufführung hier am Haus hab ich zwar gesehen, aber sie hat sich mir nicht besonders eingeprägt.

Das Ungewöhnliche an unserer Inszenierung ist, dass sie einen besonderen musikalischen Wert hat. Im deutschsprachigen Raum ist es relativ unüblich, dass sich auch Schauspieler zu singen trauen. In London ist es völlig normal, dass einer Shakespeare spielt, danach in einem Sondheim-Musical auftritt, und das dann auch noch erstklassig macht.

Ich glaube, hier ist es jetzt gelungen, mit den Schauspielern eine musikalische Form zu finden, bei der ganz bewusst nicht versucht wird, besonders schön zu singen, sondern einen speziellen musikalischen Ausdruck in der Stimme zu finden. Ich glaube, das ist mit der Besetzung hervorragend gelungen.

Adam Benzwi kenne ich von meinen Anfängen, wir waren beide im Theater des Westens engagiert. Es hat mich also nicht sonderlich überrascht, dass er sehr gut ist. Und Barrie Kosky kenne ich durch die unzähligen Arbeiten, die ich an der Komischen Oper von ihm gesehen habe. Und da ich Opernmensch bin, habe ich mich gefreut, auch mal mit einem Opernregisseur zusammenzuarbeiten. Barrie hat eine herzerfrischende Art, das in seinem Kopf fertige Konzept so ganz peu à peu entstehen zu lassen und trotzdem offen zu bleiben für die Ideen von anderen. Er hat einen Kosmos geschaffen, der in sich schlüssig war, um dann zu sehen, wie er die Leute motivieren kann, diesen Kosmos auszufüllen. Er ist ehrgeizig und fordernd, aber — und das unterscheidet ihn vielleicht von manchen anderen — er schafft keine Probleme, er löst sie.

Frank Sellentin
Stage Manager

January 29, 2021

It's all a little surreal because the rehearsal conditions were downright luxurious due to Corona, we had almost twice the amount of time as usual. As far as the technical aspects are concerned, we're as good as done. We just have to make it our own now. It's a pity that we can't play the premiere in front of an audience since we'll be lacking the required mood.

I once did a semi-concertante version of *The Threepenny Opera* under the direction of HK Gruber in Salzburg, with a very prominent cast. Back in the 1980s, as a West Berliner for whom it was very easy to cross over into the East, I saw the old Wekwerth production. That was interesting, but I booked it under "historical performance practice". And I did see the Wilson production here at the house, but it didn't really stick in my mind.

What is unusual about our production is its special musical quality. In German-speaking countries, it is quite rare for actors to have the courage to sing. In London, it is perfectly normal for someone to play Shakespeare, then appear in a Sondheim musical, and to so at the highest level.

I believe that we have succeeded in finding a musical form with the actors in which they deliberately do not try to sing beautifully, but to find a distinctive musical expression in their voices. To my mind, we have achieved just that wonderfully with our cast.

I know Adam Benzwi from my early days, we were working at the Theater des Westens. It did not come as a surprise to me that he is very good. And I know Barrie Kosky through the countless works of his I've seen at the Komische Oper. And since I'm an opera person, I was delighted to work with an opera director for a change. Barrie has a truly refreshing way of letting the concept in his head unfold gradually and yet remaining open to the ideas of others. He has created a cosmos that was coherent in itself, only to see how he can motivate people to fill that cosmos. He is ambitious and demanding, but — and this may be what sets him apart from some others — he doesn't create problems, he solves them.

71 Cynthia Micas (Polly), szenische Probe / Probebühne, 8. Januar 2021.
72 *Familienszene*, Constanze Becker (Mrs Peachum), Tilo Nest (Mr Peachum), Cynthia Micas.
73 *Familienszene*, Bühnenprobe / Großes Haus, 14. Januar 2021.
75 Szenische Probe / Probebühne, 8. Januar 2021.

71 Cynthia Micas (Polly), scene rehearsal / rehearsal stage, January 8, 2021.
72 *Family scene*, Constanze Becker (Mrs Peachum), Tilo Nest (Mr Peachum), Cynthia Micas.
73 *Family scene*, Bühnenprobe / Großes Haus, January 14, 2021.
75 Scene rehearsal / rehearsal stage, January 8, 2021.

76 *Familienszene*, Constanze Becker (Mrs Peachum), Tilo Nest, (Mr Peachum), Cynthia Micas (Polly).
78 Szenische Probe / Probebühne, 8. Januar 2021.
79 Barrie Kosky, Bühnenprobe / Großes Haus, 14. Januar 2021.

76 *Family scene*, Constanze Becker (Mrs Peachum), Tilo Nest, (Mr Peachum), Cynthia Micas (Polly).
78 Scene rehearsal / rehearsal stage, January 8, 2021.
79 Barrie Kosky, on-stage rehearsal / Großes Haus, January 14, 2021.

80 Barrie Kosky, Levi Hammer (Assistenz Musikalische Leitung), Adam Benzwi, Bühnenprobe / Großes Haus, 14. Januar 2021.
81 Tilo Nest (Mr Peachum).

80 Barrie Kosky, Levi Hammer (Assistant musical director), Adam Benzwi, on-stage rehearsal / Großes Haus, January 14, 2021.
81 Tilo Nest (Mr Peachum).

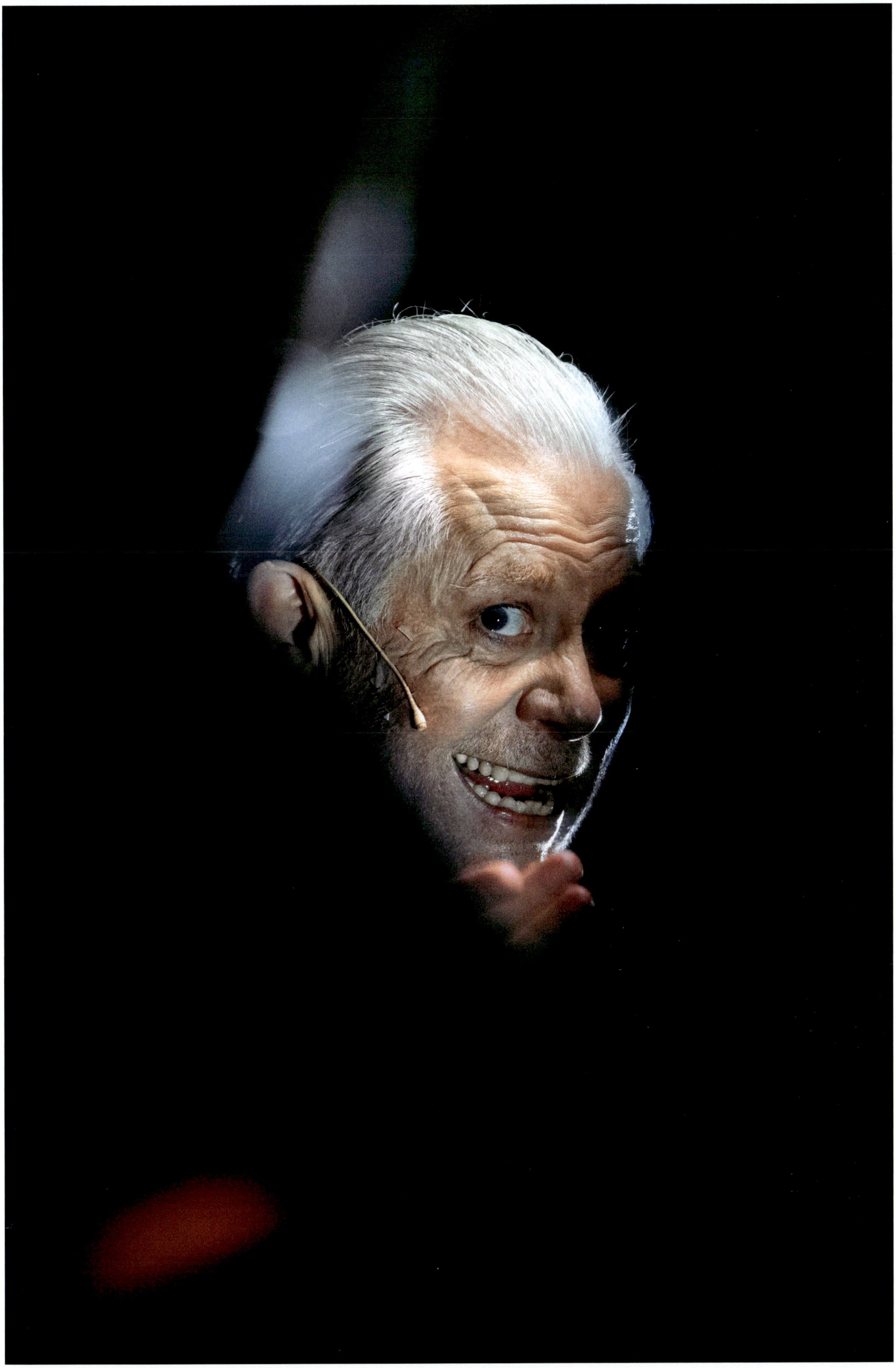

82 Nico Holonics (Macheath).
84 Christine Schönfeld (Soufflage), Bühnenprobe / Großes Haus, 14. Januar 2021.
85 *Melodram*, Cynthia Micas (Polly), Nico Holonics (Macheath).
86 *Melodram*, Constanze Becker (Mrs Peachum), Cynthia Micas, Nico Holonics, Bühnenprobe / Großes Haus, 21. Januar 2021.

82 Nico Holonics (Macheath).
84 Christine Schönfeld (Prompter), on-stage rehearsal / Großes Haus, January 14, 2021.
85 *Melodram*, Cynthia Micas (Polly), Nico Holonics (Macheath).
86 *Melodram*, Constanze Becker (Mrs Peachum), Cynthia Micas, Nico Holonics, on-stage rehearsal / Großes Haus, January 21, 2021.

Christine Schönfeld
Soufflage

19. Januar 2021

Ich freue mich, dass ich jetzt diese Arbeit machen kann. Morgens in den Probenraum zu kommen und Barrie sitzt am Klavier und spielt — diese Momente empfinde ich als besonders kostbar. Ich werde immer wieder aufs Neue berührt von dem, was hier gerade passiert. Natürlich hat das mit der Musik zu tun, aber eben nicht nur.

Ich hatte neulich einen Traum, da habe ich mich gefühlt wie in einem Zweierbob, der schon unterwegs ist. Vorn der Schauspieler, ich hinten. Im Traum war das wie ein Schweben, und als ich aufgewacht bin, dachte ich: Wie schön, dass es nach dieser kurzen Zeit schon in diese gemeinsame Bewegung gekommen ist.

Ich war selbst lange Schauspielerin und habe mich entschlossen, diesen Berufswechsel vorzunehmen. Ich wusste nicht genau, ob es gelingen würde, oder ob ich traurig sein werde, unten im Dunkel zu sitzen und nicht mehr oben im Licht zu spielen. Ich habe dann schnell gemerkt, dass das überhaupt nicht der Fall ist. Als Schauspielerin habe ich mir immer gewünscht, dass da unten jemand ist, der mich begleitet und mit hoher Sensibilität, großer Lust und Empathie mitdenkt und atmet. All das versuche ich jetzt mitzugeben, und es erfüllt mich.

Christine Schönfeld
Prompter

January 19, 2021

I am delighted that I can do this work now. Coming into the rehearsal room in the morning with Barrie playing the piano — these moments are particularly precious to me. I'm constantly touched by what's happening here. Of course, it has to do with the music, but not exclusively.

I recently had a dream in which I felt like I was in a two-woman bobsleigh that was already on the track. The actor in front, me in the back. In the dream, it was like a floating sensation, and when I woke up I thought: How nice that it has already come to this unified motion after such a short time.

I was an actress myself for a long time and decided to make this career change. I didn't know exactly if I would succeed or if it would make me sad to be sitting down in the dark rather than acting up in the light. But I quickly realized that this was by no means the case. As an actress, I always wanted someone down there to accompany me, to think and breathe along with me with great sensitivity, passion, and empathy. Today I try to do all of that, and it is very fulfilling.

Zu Beginn solch einer Arbeit les ich erst mal meinen Text, versuche herauszufinden wer ich bin und wie die Beziehung zu den anderen Rollen ist. Wenn ich das einigermaßen habe, guck ich mir an, was das Problem meiner Figur ist. Was ist das Ziel in jeder einzelnen Szene, wo will ich hin. So nähert man sich dann Stück für Stück dieser Rolle. Erst mal theoretisch.

Ich glaube, es gibt total unterschiedliche Intuitionen für Figuren und bei machen Rollen ist das sofort da. Da weiss man sofort, wie das physisch abläuft. In unserem Fall hat Barrie mir Stück für Stück beschrieben, wie er sich die Figur vorstellt. Er sieht die Lucy als jemanden, die eher verrückt ist, unberechenbar. Aber eben auch jemand, der alles kann. Und seine Vorstellung hat sich sehr gedeckt mit dem, was ich mir überlegt hatte. Da war quasi schon so ein Körper da und er hat mich dann bestärkt, da noch tiefer hinein zu gehen.

Und dann geht man auf die Bühne und probiert erstmal jede Menge Unbrauchbares aus. Später kommt das Zusammenspiel mit den Kolleginnen und Kollegen dazu und mit dem Regisseur natürlich. Mit Barrie ist es ein sehr freies Arbeiten. Man darf sich Fehler erlauben, Quatsch machen. Er ist unglaublich herzlich. Da funktioniert viel über Lachen, gemeinsame Ideen und Spaß.

Für mich ist es ein Unterschied, ob man die *Dreigroschenoper* am BE oder einem anderen Theater spielt. Wir sitzen hier direkt neben dem Turmzimmer von Brecht, da vorne liegt das ehemalige Büro von Helene Weigel. Natürlich spürt man das.

Ich hab viele neue Erfahrungen während des Probenprozesses gemacht. Mit einem Orchester zu spielen zum Beispiel. Da muss man einfach aufpassen, dass man sich nicht auf die drauf setzt, dass man das konträr nutzt und jeder auch seinen Raum zum atmen hat. Aber Adam kann eh jedes Lied mitsingen, jeden Einsatz. Es ist ein schönes Miteinander und das gibt einem sehr viel Sicherheit, wenn man weiß, dass er da ist.

Die musikalischen Vorbilder bei einem Stoff wie der *Dreigroschenoper* sind ja omnipräsent. Als ich wusste, dass ich für die *Dreigroschenoper* besetzt werde, hat es mich kurz belastet. Es gibt da diese unglaublichen Aufnahmen mit diesen porösen, aber eindringlichen Stimmen. Doch sobald wir angefangen haben zu spielen, war das wie weggeblasen. Man löst sich dann Schritt für Schritt und versucht, etwas eigenes zu machen. Und das ist uns gelungen, denk ich.

Laura Balzer
Lucy Brown

January 22, 2021

When I start a project like this one, the first thing I do is read my text, trying to figure out who I am and how I relate to the other roles. Once I've figured that out, I look at what my character's problem is. What is the goal in each individual scene, where do I want to get to? That is how you approach the role step by step. You start out from a theoretical perspective.

Personally, I think that intuitions for characters can vary greatly, and with some roles, it's there right from the start. You know straight away how it's going to unfold physically. In our case, Barrie explained to me in detail how he imagines the character. He imagines Lucy as someone who is somewhat crazy, unpredictable. But also someone who is capable of doing just about everything. And his idea was very close to what I had been thinking myself. There was already a body there, in a manner of speaking, and he encouraged me to explore it even more deeply.

After that, you go on stage and start by trying out all kinds of useless stuff. Later there is the interaction with colleagues and of course with the director. Working with Barrie is very free. You have the licence to make mistakes, to fool around. He is incredibly warm. In many ways, his interaction works through laughter, the sharing of ideas and simply having fun.

For me, it makes a difference whether you play *The Threepenny Opera* at the BE or at another theatre. Right now we're sitting next to Brecht's tower room, and Helene Weigel's former office is over there. Of course you feel that.

I have had many new experiences during the rehearsal process. For instance, playing with an orchestra. You have to be very careful that you don't just hitch a ride, that you use it as a counterpoint, and that everyone gets their own space to breathe. But Adam can sing every song anyway, every cue. It's just a feeling of togetherness and you feel very secure when you know that he's there.

The musical precedents for a piece like *The Threepenny Opera* are omnipresent. I was briefly distressed when I learned that I had been cast in *The Threepenny Opera*. There are these incredible recordings with these flawed yet haunting voices. But as soon as we started playing, that feeling was just gone. You begin to detach yourself step by step and try to create something of your own. And we managed to do that, I think.

89 *Die Ballade von der sexuellen Hörigkeit*, Constanze Becker (Mrs Peachum).
90 Nico Holonics (Macheath), erste Bühnenprobe mit Kostüm / Großes Haus, 22. Januar 2021.
91 *Pollys Lied*, Josefin Platt (Mond über Soho), Constanze Becker, Nico Holonics, Cynthia Micas (Polly), erste Bühnenprobe mit Kostüm / Großes Haus, 22. Januar 2021.

89 *Ballad of Sexual Dependency*, Constanze Becker (Mrs Peachum).
90 Nico Holonics (Macheath), first on-stage rehearsal in costume / Großes Haus, January 22, 2021.
91 *Polly's Song*, Josefin Platt (Moon Over Soho), Constanze Becker, Nico Holonics, Cynthia Micas (Polly), first on-stage rehearsal in costume / Großes Haus, January 22, 2021.

67 66 65 64 63
51 50 49 48 47 46 45
34 33 32 31 30 29

93 Cynthia Micas (Polly).
94 *Im Hurenhaus*, Nico Holonics (Macheath), Bettina Hoppe (Spelunken-Jenny).
96 Ottwin Zipp (Posaune, Kontrabass), Einspielen vor der ersten Generalprobe / Garderobe, Großes Haus, 28. Januar 2021.
97 Doris Decker (Sopran Saxophon, Tenor Saxophon, Bariton Saxophon), Einspielen vor der ersten Generalprobe / Foyer Großes Haus, 28. Januar 2021.

93 Cynthia Micas (Polly).
94 *In the whorehouse*, Nico Holonics (Macheath), Bettina Hoppe (Ginny-Jenny).
96 Ottwin Zipp (Trombone, Double bass), warm-up before the first dress rehearsal / wardrobe, Großes Haus, January 28, 2021.
97 Doris Decker (Soprano saxophone, Tenor saxophone, Baritone saxophone), warm-up before the first dress rehearsal / Foyer, Großes Haus, January 28, 2021.

13. Zuhälterballade

„Adam ist ein sehr feiner Mensch, der auch dann nicht die Contenance verliert, wenn du beim fünften Mal den Einsatz verpasst. Und Barrie steckt einen so an, bläst Energie rein, macht einem Mut, weil er ganz genau weiß, wie schwierig manche Gesangspassagen für Schauspieler sind.“ (Kathrin Wehlisch, Tiger Brown)

"Adam is a very fine person who doesn't lose his composure even if you miss the cue the fifth time. And Barrie is so infectious, blows energy into you, gives you courage, because he knows exactly how difficult some singing passages are for actors." (Kathrin Wehlisch, Tiger Brown)

98 Adam Benzwi / Probebühne, 15. Dezember 2020.
99 Levi Hammer, Adam Benzwi / Großes Haus, 13. Januar 2021.
100 James Scannell, Vít Polak, Doris Decker (Orchester), erste Generalprobe / Großes Haus, 28. Januar 2021.
101 Orchester, Bühnenprobe / Großes Haus, 25. Januar 2021.

98 Adam Benzwi / rehearsal stage, December 15, 2020.
99 Levi Hammer, Adam Benzwi / Großes Haus, January 13, 2021.
100 James Scannell, Vít Polak, Doris Decker (Orchestra), first dress rehearsal / Großes Haus, January 28, 2021.
101 Orchester, on-stage rehearsal / Großes Haus, January 25, 2021.

102 Adam Benzwi.
103 James Scannell, Doris Decker (Orchester).
104 Adam Benzwi.

102 Adam Benzwi.
103 James Scannell, Doris Decker (Orchestra).
104 Adam Benzwi.

Was ist die *Dreigroschenoper* gerade, in diesem Augenblick, für euch?

Adam Gerade ist sie für mich viel Arbeit am Computer. Nach den ersten szenischen Proben gab es einige Veränderungen, wir haben Zwischenmusiken eingebaut, und das alles bearbeite ich zusammen mit meinem Mitarbeiter, Daniel Busch, damit in der nächsten Woche alle die aktuellen Noten haben. Das ist die *Dreigroschenoper* für mich im Moment.

Barrie Für mich ist sie wie eine Reise mit einem Boot, bei dem man die Küste nicht sehen kann. Manchmal haben wir schlechtes Wetter, manchmal schöne Tage und dazwischen auch triste Zeiten. Aber wir sind unterwegs, wir kennen die Richtung, der Kompass funktioniert, noch ist am Horizont nichts zu sehen. Aber das macht mir keine Angst, so läuft das seit dreizehn Jahren.

Und die „Schiffsbesatzung"? Die musste sich doch auch erst kennenlernen, oder?

Barrie Adam und ich kennen uns seit Jahren, aber mit dem Ensemble hier haben wir beide noch nie gearbeitet. Für uns ist das eine ungewöhnliche Situation, aber so ist der Deal. Wir haben lange über die Besetzung nachgedacht, darüber, wer richtig für diese oder jene Rolle ist — musikalisch, szenisch, seelisch. Und wir haben schon nach den ersten Probenwochen festgestellt, dass alle unsere Entscheidungen richtig waren. Und dann gab es diesen wunderbaren Moment im Probenprozess, wo man sich plötzlich offen und vertrauensvoll sagen kann: „Das war gerade scheiße, lass uns was anderes ausprobieren." Die „Schiffsbesatzung" vertraut uns und wir vertrauen ihr.

Auch wenn ihr die Küste noch nicht sehen könnt — habt ihr schon eine Vorstellung, wie sie aussehen könnte?

Barrie Wir wollen nicht einfach nur „noch eine" *Dreigroschenoper* machen, sondern wir versuchen eine andere theatralische Form zu finden. Mit Überraschungen. Eine *Dreigroschenoper*, die sowohl musikalisch als auch szenisch Sinn macht in der heutigen Zeit. Dazu braucht es Mut, Ambivalenz, Unsicherheit — ein großes Risiko, aber das ist gut so. Dabei geht es gar nicht darum, mit der Inszenierung von Robert Wilson zu konkurrieren, der ja eine sehr eigene Theatersprache hat. Die Herausforderung ist für uns eher die Brecht-Rezeptionsgeschichte und dass es sich hier um ein *flawed masterpiece* handelt — ein „imperfektes" Meisterstück.

Barrie, bei der Konzeptionsprobe hast du gesagt: Musik gewinnt immer gegen Text. Nach der Probe sagte jemand auf dem Flur: Musik gewinnt immer, aber Brecht ist nicht irgendein Text.

Barrie Das ist Shakespeare auch nicht. Wenn man Shakespeare zu singen versucht, ist das immer schlecht. Die Vertonungen seiner Texte sind meistens furchtbar. Deshalb hat Arrigo Boito für Verdis *Falstaff* und *Othello* neue Texte geschrieben. Ich will damit sagen: Brecht allein ist sehr stark. Brecht ist Musik, jeder gesprochene Text ist Musik. Aber was passiert, wenn Text und Musik zusammenkommen? Das ist eine Sache von Alchemie und Biologie — Musik wirkt schneller und länger als ein Text.

Adam Es heißt ja auch, dass Musik die stärkste Kunst ist, weil sie unmittelbarer berührt. Wie oft passiert es, dass man heult oder lächelt, wenn man ein Gemälde anschaut? — Musik kommt viel schneller nahe. Wir beide wissen um die Macht der Musik und nehmen den gesungenen Text sehr ernst. Das heißt, wir geben dem Text mehr Macht — so werden Text und Musik zu ebenbürtigen, kräftigen Kämpfern, die zusammen tanzen. Unser Ziel ist, dass man nicht nur sagt: Ach, was für eine schöne Melodie! Sondern dass man emotional und gedanklich gleichermaßen beim Text und der Musik bleibt.

Barrie Nicht, dass wir uns falsch verstehen: Die Liedtexte von Brecht sind genial! Man kann nicht sagen, die Musik ist besser. Aber sie hat eben diese einzigartige schamanistische Qualität. Die Striche im Text machen wir nicht, weil wir einen kurzen Abend haben wollen, sondern um das Stück besser zu machen. Normalerweise kämpfen Schauspieler um jedes Wort. Hier nicht. Hier fragen sie: Brauchen wir diesen Satz wirklich? — Sie sehen auch, dass das Stück Hilfe braucht.

Barrie hat bei der Konzeptionsprobe auch gesagt, für ihn sei das nicht Brechts *Dreigroschenoper* mit der Musik von Kurt Weill, sondern Weills *Dreigroschenoper* mit dem Text von Brecht, wie ist das für dich, Adam?

Adam Der Witz ist, dass für mich der Text am wichtigsten ist. Ich bin total fasziniert und inspiriert von ihm und was er mit mir und den Schauspielern macht. Der Text hat also Priorität, aber weil ich Musiker bin, kann ich die Musik dazu passend machen.

Barrie Und ich wiederum spreche im Proberaum mit den Sängern nicht über die Musik, sondern wir reden über den Text und wie man ihn mit der Musik zusammenbringt. Aber als Regisseur sehe ich die architektonische Gestalt des Abends — ein Rhythmus aus Musik, Licht, Bewegung und Bildern. Das hat nichts mit Text zu tun, sondern nur mit Musik. Für die meisten Regisseure ist die *Dreigroschenoper* ein Brecht-Stück, das von ein paar Weill-Liedern unterbrochen wird — nicht für mich.

Barrie, von dir weiß ich, dass dir das Prinzip „Park, Bark and Snark" (was soviel heißt wie Stehen, Brüllen und dem Publikum arrogant das Gefühl geben, es habe keine Ahnung) zuwider ist. Wie kann man das bei einem Stück wie diesem, in dem das vielleicht durchaus vorgesehen ist, vermeiden?

Barrie Gute Frage, jetzt reden wir Tacheles. Also, nach der *Moritat von Mackie Messer* beginnt das Stück mit dem *Morgenchoral des Peachum* …

Adam [singt] Wach auf, du verrotteter Christ!

Barrie Genau. Das ist so eine Mischung aus Bach und Luther … man weiß nicht so genau, was das soll. Und in fast jeder Inszenierung, die ich gesehen habe,

kommt Peachum auf die Bühne und brüllt diese Nummer, obwohl sie so eine unglaublich schöne Melodie hat. Dann geht es weiter mit diesem wunderbaren Monolog—für mich der beste Monolog im Stück. Und der wird entweder als eine wütend-misanthropische Rede gegen die Welt gehalten oder im Ton des beleidigten Langweilers—beides ist weder in der Musik, noch im Text. Als wir das neulich mit Tilo Nest geprobt haben, hat er einen Vorschlag gemacht, der für einen Schauspieler wirklich sehr ungewöhnlich ist. Er sagte: Vielleicht hört man hier zu Beginn nur meine Stimme und sieht mich nicht auf der Bühne. Das haben wir probiert, und es funktionierte sofort. Man kann Musik und Text konzentriert zuhören und fragt sich im besten Fall: Wer ist dieser Mann, was kocht da in ihm?
Natürlich wird es auch Momente geben, wo Leidenschaft ins Spiel kommt und sich die Figuren anschreien. Doch es ist ein Unterschied, ob das die Figuren miteinander tun, oder ob sie mit erhobenem Zeigefinger ins Publikum brüllen. Das ist eine furchtbare Tradition bei Brecht: „Ich, die Figur, weiß es besser als du Arschloch im Parkett, du bürgerlicher Dreck." —Das ist für mich unerträglich, und neunundneunzig Prozent der Zuschauer können das nicht ertragen.
Adam „Park, Bark and Snark" ... ich glaube, nach dem Krieg gab es in Deutschland entweder das Bedürfnis nach seichter Unterhaltung, nach der heilen Welt der Operette, oder man wollte Antworten und das Theater sollte belehren. Jetzt sind wir in einer anderen Zeit, wir wollen nicht belehrt oder angeschrien werden. Das ist auch in den Texten gar nicht drin. Die sind voller Widersprüche und Menschlichkeit. Und so singen wir das auch—nicht zum Publikum hinunter, sondern auf Augenhöhe mit ihm: „Ich denke laut und teile meine Gedanken mit euch".
Barrie Adam hat völlig recht. In den englischsprachigen Inszenierungen läuft es oft so: Sie lesen ein paar Bände Brecht-Theorie, sehen ein paar Filme und machen eine furchtbare Fassung in dieser Tradition. Dann steigt der Schauspieler aus seiner Figur und wird belehrend. Und das Publikum so: „I couldn't care less. Stop screaming. Shut the fuck up."

Brecht hat ja ganz präzise Anweisungen für die Figuren gegeben, nehmt ihr euch das zu Herzen?

Barrie Ich lese am Anfang alles, was ein Komponist oder Librettist zu einem Stück gesagt hat. Und dann ist es wie ein Buffet: Ich nehme von hier etwas und von da, etwas von der Brioche, ein Scampi ... bis die Platte leer ist. Aber die Schauspieler haben kein Interesse, das zu lesen. Sie möchten nicht erklärt bekommen, wer oder wie ihre Figur ist.
Adam Da gibt es zum Beispiel den *Barbara-Song*: „Einst glaubte ich, als ich noch unschuldig war (und das war ich einst, grad so wie du)". Wer ist „du"? Ist es „du Gestriger" oder „du Spießer"?—So wird es oft gesungen. Als ich mit Cynthia an dem Song gearbeitet habe, fanden wir das falsch und haben es deshalb anders interpretiert. Dadurch bekam sie eine ganz andere Haltung—nicht wertend, sondern mit Respekt für ihr Gegenüber, die Eltern.
Barrie Man möchte ja nicht drei Stunden dasitzen und denken: Aha, Jenny ist die traurige Hure, Mackie ist drei Stunden lang das Arschloch, Mrs Peachum ist die böse Hexe—das geht nicht, das will ich nicht drei Stunden lang sehen. Und ich inszeniere, was ich als Zuschauer sehen möchte.

Seid ihr da manchmal auch unterschiedlicher Meinung?

Barrie Natürlich. Jeden Tag. Das ist das Wunderbare an Theater. Ich bin keine Gottfigur und Adam ist keine musikalische Vaterfigur. Wenn man nicht überrascht oder mit Widersprüchen konfrontiert wird und seine Meinung im Proberaum zu ändern bereit ist, gibt es keinen Grund, Theater zu machen. Null. Sicher kommt es vor, dass ich drei Tage lang gegen eine Idee von Adam kämpfe—er kennt das schon, er ist dann sehr geduldig, weil er weiß, dass seine Idee richtig ist. Und irgendwann sage ich dann: Ja, er hat recht, wir machen das so.
Adam Und andersrum!
Barrie Und andersrum. Es gibt das Missverständnis über die Rolle des Regisseurs: Ich habe die Antwort, die in einem dreimonatigen Laborversuch überprüft wird. Viele Regisseure arbeiten so, man sieht das Resultat auf der Bühne: Es ist uninteressant.

Wie seht ihr die These, dass die *Dreigroschenoper* auch eine Gesellschaftskritik ist?

Barrie Die *Dreigroschenoper* war nie geplant als eine große Kritik der gesellschaftlichen Verhältnisse. Es gibt in dem Stück nicht mehr Gesellschaftskritik als in der *Fledermaus*: Sie gehen nicht zum Ball, sie gehen ins Gefängnis. Vielleicht finden das manche Brecht-Fans unerträglich, aber das hier ist nicht *Mutter Courage*, es ist nicht *Arturo Ui*, es ist nicht *Kreidekreis*, es ist nicht *Galileo*. Es ist etwas ganz anderes. Und Mackie ist nicht „Jedermann"! Er ist nicht der Repräsentant aller Menschen, er ist Mackie Messer. So wie auch Don Giovanni oder Carmen Frankenstein-Kreaturen sind, die unterschiedliche menschliche Extreme spiegeln. Aber sie sind nicht „Jedermann"—niemand ist „Jedermann", das Konzept von „Jedermann" ist blöd.

Barrie, du hast gesagt, Weill sei einer deiner fünf Lieblingskomponisten. Jetzt wäre natürlich die Frage ...

Barrie Wer sind die anderen vier? Ohne bestimmte Reihenfolge würde ich sagen (überlegt kurz) Schumann, Rameau, Mozart und Strawinsky. Ich habe keine konsequente Liste. Es gibt natürlich mehr als fünf. Da fehlen auch Komponisten wie Gershwin oder Mahler. Das ist Musik, mit der ich täglich lebe.

Adam, Kurt Weill hat das Stück für 23 Instrumente und 7 Musiker geschrieben, die all diese Instrumente beherrschen müssen...

Adam Ja genau, das wurde für eine spezielle siebenköpfige Kapelle geschrieben, die Lewis Ruth Band, da hat der Schlagzeuger auch Trompete gespielt, der Gitarrist spielte auch Violoncello, es gab noch weiter Kombinationen. Das war übrigens auch bei *Rhapsody in Blue* von George Gershwin der Fall, da gab es eine spezielle Mischung von zwanzig Musikern, die ungewöhnliche Kombinationen von Instrumenten spielten. Wir haben jetzt bei uns auch sieben Musiker, aller-

dings habe ich es so umgeschrieben, dass die Töne des zweiten Trompeters vom Saxofonisten gespielt werden, die des Violoncellos vom Kontrabass.
Wir haben die Band aus dem Umfeld besetzt. Eine bunte Mischung von Menschen aus verschiedenen Musikrichtungen, unterschiedlichen Alters, Geschlechts und sozialer Herkunft. Das ist bereichernd, und ich möchte mit ihnen gemeinsam entdecken, wie sie diese Musik empfinden und spielen. Das sind alles ausdrucksstarke Musiker, die berühren, wenn sie spielen. Das ist für mich das Allerwichtigste. Dass ich lachen und weinen kann, dass ich Schmerz spüre. Viele Musiker können sauber und präzise spielen, aber wirklich berühren können nur wenige.
Und dann kommt der Probenprozess, in dem Musik und Text von Musikern und Schauspielern zusammengebracht werden. Und da ist das, was die Musiker einbringen genauso wichtig, wie das, was von den Schauspielern einfließt. Unsere Polly wird anders sein, als wir uns im Vorfeld gedacht hatten, weil Cynthia Micas etwas mitbringt, was wir nicht erwartet hätten. Und genauso ist es mit den Musikern. Barrie und ich arbeiten da ganz ähnlich. Wir lassen uns Angebote machen und schauen dann, was gut ist und berührt.

Wie lassen sich eure Vorstellungen und die der Schauspieler und Musiker vereinbaren?

Barrie Adam als musikalischer Direktor und ich als Regisseur können nur so gut in unserer Arbeit sein, wie die Menschen, die vor uns stehen. Das bedeutet, wir können brillante Ideen und geniale Vorschläge haben, aber wenn jemand nicht das Talent hat, das umzusetzen, durch sein Instrument oder seinen Körper — dann vergiss es. Für mich ist das absolute Zentrum von darstellender Kunst die Darstellung selbst. Egal, wie gut der Dirigent oder der Regisseur sind — der Abend wird von den Menschen gemacht, die auf der Bühne stehen. Man sucht immer diese zauberhafte Beziehung. Es ist ein Austausch von Ideen, es geht um Vertrauen, Respekt und Inspiration. Das ist schwer in Worte zu fassen, es ist was es ist. Auf diese Weise macht die Arbeit nicht nur mehr Spaß, sie wird auch besser. Das ist die Arbeit!

Würde es an der Komischen Oper eine andere *Dreigroschenoper* geben als hier?

Barrie Ich würde das Stück dort nie machen.

Hat man vielleicht dennoch ein anderes Gefühl, wenn es nun mal der Saal ist, in dem auch Brecht saß und dieses Stück mit all den bekannten Hindernissen während der chaotischen Probenzeit inszeniert hat? Gerät man vielleicht in die Gefahr, Brecht und Weill als eine Art Waldorf und Statler, die beiden ewig aus der Theater-Loge schimpfenden Senioren aus der Muppets-Show, im Nacken zu spüren, Barrie?

Barrie Für mich gibt es das nicht. Ich fühle ihre Geister, klar. Und natürlich ist das eine schöne Muppets-Metapher. Und wenn man bei dem Bild bleibt: Es waren nicht nur Waldorf und Statler, es war die gesamte Muppets-Show. Die anderen waren auch alle da. Es gab auch Fozzy-Bär, Gonzo und Miss Piggy.
Das ist es, was es so einzigartig macht. Wenn man in Bayreuth sitzt, denkt man die ganze Zeit, Richard Wagner sitzt im Parkett. Und vielleicht Cosima, ein paar Reihen weiter hinten. Das war's. Aber hier denke ich nicht nur an Brecht. Ich denke genauso an Engel, Aufricht, Karl Kraus, Canetti — dieser ganze Bahnhof voller Menschen. Ich habe nicht das Gefühl, dass da jemand in der Loge sitzt und mich beobachtet. Abgesehen davon, dass Brecht der einzige war, der gesessen hat, Weill saß nie. Er war viel zu nervös und aufgeregt. Ja, es war eine verrückte Episode der Muppet Show. And we will get this show on.

Spürt man die „Geister" von Brecht und Weill, wenn man in diesem Haus arbeitet?

Barrie Die Geister sind da, aber es sind sehr gute Geister. Im Vergleich zu Bayreuth. Am Ende der *Meistersinger*, nach der Premiere, habe ich einen Exorzismus betrieben. Seitdem ist Wagner weg, vorher hatte ich dauernd das Gefühl, dass er mir ins Ohr flüstert. Hier ist das ganz anders.

Adam Ich bin in Kontakt mit den beiden, und ich empfinde das als Bereicherung. Als Komponist oder Stückeschreiber freut man sich doch, dass andere damit arbeiten. Ich glaube, die Geister haben sich uns ausgesucht und sagen: Macht euer Ding!

Barrie Diese beiden Männer waren Theater-Menschen von Kopf bis Fuß. Sie verstanden den Kompromiss, das Chaos, die Aufregung, die Depressionen, die Probleme. Hier ist es zu lang, da ist zu wenig Text, hier ist zu viel Musik, wir brauchen einen Kostümwechsel. All das kannten sie. Sie waren mehr als infiziert davon, es war in ihrer DNA. Wir sind also in sehr sicheren Händen. Brecht kann nur weiterleben, wenn man erlaubt, ihn zu adaptieren. Wir möchten ihn natürlich ehren, niemand will einen schlechten Brecht auf die Bühne bringen. Aber Theater lebt nun mal von neuen Ideen und einem neuen Blick. Und es ist toll, dass Johanna Schall da so offen ist. Ich verstehe, wenn Menschen etwas schützen wollen, aber das kann für die Kunst problematisch sein. Was Brecht und Weill gemacht haben, ist genial. Es ist interessant und schräg und neu und ambivalent und unglaublich. Aber man muss den Staub wegwischen und sehen, was da ist. Erstmal sind es nur Worte von Brecht und Musik von Weill, schwarze und weiße Punkte auf Papier, mehr nicht. Und sie brauchen unseren Atem, um ihnen, den Golems, Leben einzuhauchen. Das ist, was Theater ist, so einfach ist das.

Adam Ich arbeite mit einem Computerprogramm, das die Noten spielen kann, und ich bin so ein Dynamikfreak, das heißt, ich programmiere hier mal leise und da mal crescendo und so weiter. Wenn ich den Computer das spielen lasse, klingt es erstmal fehlerfrei, perfekt. Aber wenn der Trompeter sein eigenes „leise" spielt, mit seinem Schmerz oder seiner Erotik, seiner Emotionalität, dann hört man erst richtig, was das ausmacht, dann fängt es erst an zu leben.

Wie schafft man es, dass ein Musiker jeden Abend diese Emotionalität liefert?

Adam Vertrauen schaffen.

Barrie Hast du ihn mal dirigieren gesehen? Das ist einzigartig. Jede Vorstellung ist fast wie eine Premiere, es gibt keine Routine. Schlampige Musik gibt es bei ihm nicht. Er dirigiert als wäre es die erste und letzte Vorstellung. If I can say that.

Adam [lacht] Thank you.
Barrie Und das macht einen Unterschied. Er kommt nicht an einem einzigen Abend nach der Premiere lustlos zur Arbeit. Er versucht jedes Mal, etwas Neues zu finden. Er geht in die Vorstellung und erkennt: Heute war der erste Teil nicht so gut, ich probier mal etwas anderes aus in der zweiten Hälfte. Das ist der nächste Teil des Prozesses. Für mich ist die Vorstellung der uninteressantere Teil des Prozesses, für ihn vielleicht der wichtigste. Denn plötzlich kommt seine ganze Arbeit zu Tage, vor den Zuschauern. Da bin ich längst weg.
Adam Jeden Abend sind wir unterschiedlich drauf, und das Publikum auch. Manchmal braucht das Publikum etwas Feuer und manchmal längere Pausen. Während der Proben lernen wir, uns zu vertrauen und dann durchleben wir das gemeinsam. Sowohl die Schauspieler als auch die Musiker fühlen, was im Saal vor sich geht. Und das ist immer anders. Es gibt keine ideale Vorstellung, die wir immer nur zu imitieren brauchen. Sondern wir dürfen uns jedes Mal aufs Neue emotional verbinden und das mit dem Publikum durchleben.
Barrie Wenn ich mich zuhause durch das Internet wühle, um alte Aufnahmen von Weill und Brecht zu hören, finde ich es erstaunlich, wie wenig sich mit dem Text und der Musik wirklich auseinandergesetzt wurde. Mit einigen Ausnahmen natürlich. Die Farben, die Dynamiken. Das ist schockierend. Fast alles ist in einer einzigen Farbe gehalten. Das Problem ist, wenn man drei oder vier Strophen hat und die Musik ist komplett gleich geschrieben, das ist doch langweilig. Wir sind also beinahe besessen davon, andere Farben zu finden. Ich bitte die Schauspieler, ein Angebot zu machen. Ich werd dir nicht sagen, welche Farbe, Orange, Blau, Purpur. Du machst das Angebot. Und dann sag ich: Das ist schön. Ich kann sagen, was gut oder schlecht ist. Aber ich sage nicht gerne: Bitte mehr davon oder weniger hiervon. Wenn man anfängt so zu arbeiten, dann wird der Schauspieler immer gezwungen, in eine bestimmte Richtung zu gehen. Das muss von dem Darsteller kommen.
Adam Diese Lieder sind meist drei Minuten lang. Wenn du jemandem drei Minuten was erzählst, wenn du jemanden überzeugen willst, dann benutzt du verschiedene Strategien. Zum Beispiel wenn man möchte, dass die Eltern einem ein Auto kaufen. Zuerst sagt man es bittend, man schmeichelt. Dann tischt man ihnen Schuld auf: „Alle anderen haben aber auch ein Auto". Dann wird man vielleicht wütend. Und genauso ist es bei Liedern. Es ist notwendig, dass der Schauspieler durch einen Prozess geht, während er singt.
Barrie Die Opernsänger sind immer schockiert. Die schauen auf den Probenplan und sagen: „Drei Stunden, für diese fünf Minuten-Szene? Das brauchen wir nicht." Und dann sag ich „Oh doch, wir brauchen drei Stunden". Und dann singen sie ihre Partituren und ich frage „Wo ist das Fragezeichen?" Oft verstehen sie nicht, was ich meine. Aber da ist ein Fragezeichen im Text. Es ist eine Frage, also brauchen wir auch eine Antwort. Es muss mit einem Fragezeichen gesungen werden. Es ist schockierend, wie viele Regisseure sich diese Arbeit nicht machen. But that's what directing is.
Und dann geht mir gerade noch etwas durch den Kopf: Alle wissen, dass es in der *Dreigroschenoper* eine Parallele zur Bibelgeschichte gibt. Überall sind biblische Zitate. Altes Testament und Neues Testament. Zum Beispiel Jennys Verrat als Parallele zum Verrat von Judas, der Garten von Gethsemane oder die Kreuzigung. Man denkt immer, da gibt es ein paar Echos und Reflektionen, aber je mehr ich mich damit beschäftige, desto mehr komme ich zu der Erkenntnis, dass es sich um eine komplette Parodie der letzten Tage von Jesus Christus handelt. Die Hochzeit von Mackie Messer ist eine Mischung aus der Geburt von Jesus im Stall und dem letzten Abendmahl. Es ist fantastisch. Dann gibt es den Mann, den niemand versteht, die Gläubigen und die Ungläubigen. Peachum zitiert ständig das Alte Testament—Sünde, Gnade, Verrat und Auferstehung. Jenny ist Judas und Maria Magdalena in einer Figur. Fantastisch! Brilliant! Mackie kommt als Antichrist daher, als *Deus ex machina*. Es ist natürlich ein Opernsymbol, aber das gibt es auch in der Bibel. Muss Mackie für unsere Sünden gekreuzigt werden?
Es ist so komplex und widersprüchlich, was Brecht da sagt. Und wir stellen uns jetzt gerade die Frage, wie ein *Deus ex machina* im 21. Jahrhundert funktionieren könnte. Aber vielleicht funktioniert die Maschine gar nicht. Stirbt Mackie vielleicht? Oder führt er uns an der Nase herum und ist gar nicht tot? Was bedeutet das dann? Vielleicht ist das ein interessanter Gedanke, dass wir in einer Zeit leben, in der der *Deus ex Machina* nicht mehr funktioniert. Wir wissen es noch nicht. Fragt mich in ein paar Wochen noch mal. Aber ich habe dem Ensemble bereits gesagt, dass wir einige komplett unterschiedliche Enden bauen werden, bevor wir wissen, welches es ist. Und ich mache nie das Ende, bevor der Rest fertig ist. Ein Ende gehört ans Ende. Und das Ende könnte unser gemeinsamer Running Gag werden. What's happening with the end, Barrie? Gibt es schon eine Lösung? Was ist denn nun mit dem verdammten Ende? Vielleicht probe ich jedes Mal ein neues Ende, bis zur Premiere. Das Ende als Work in Progress.

[Zweiter Teil des Gesprächs am 1. April 2021, diesmal auch mit der Dramaturgin Sibylle Baschung]

Jetzt sind es drei Monate seit unserem ersten Gespräch, wie ist es euch ergangen?

Barrie Das einzig Gute an dieser ganzen Corona-Scheiße ist, dass wir einen theatralischen Prozess hatten, von dem man nur träumen kann. Das heißt, wir haben auf einen gewissen Endpunkt hingearbeitet, die „Premiere" ohne Publikum, aber danach konnten wir noch einmal sehr kritisch, objektiv und streng auf alles schauen und herausfinden, was funktioniert und was nicht. Normalerweise ist nach der Premiere Schluss, dann muss man mit dem leben, was man hat. Aber wir hatten den Luxus, nach zwei Monaten auf die Bühne zurückzukehren und weiterzuarbeiten. So etwas habe ich in meinen dreißig Jahren Theater noch nie erlebt. Das war der einzige Lichtblick in diesem Jahr Pandemie.
Adam Auch von musikalischer Seite ist es ein Geschenk, dass wir jetzt nochmal diese Pause hatten. So konnte ich alle Änderungen, die wir mit Schauspie-

lern und Musikern vorgenommen haben, in neue Noten übertragen. Die Musiker haben keinen Bleistift mehr im Mund, es ist alles sauber — das gibt eine große Ruhe bei uns im Graben. Und das gilt auch für die Schauspieler, die ja ständig so viel bedenken müssen während einer Nummer — Text, Musik, Haltung — das hat jetzt alles eine Leichtigkeit wie nach dreißig Vorstellungen.

Barrie Es ist wie ein Rotwein, der da im Keller liegt und immer besser wird. Und wenn wir diesen Rotwein irgendwann an die Zuschauer ausschenken, wird er noch reicher sein.

Sibylle Ja, es kann sich setzen und reifen. Für mich war all das Fluch und Segen zugleich. Segen, weil wir nicht die Daueranspannung hatten, die normalerweise während der Endprobenphase herrscht, sondern durch diese Pause noch einmal neu draufgucken konnten. Zugleich war es für mich auch ein Fluch, denn als Dramaturgin geht in meinem Kopf erstmal alles, insofern geht auch, alles infrage zu stellen. Da bin ich gewissermaßen meine eigene Hexe, die sich verflucht.

Barrie Ja, Sibylle sagt immer, sie könnte ewig in diesem Borges-Labyrinth bleiben. Aber wir haben in der letzten Woche einen riesigen Sprung gemacht, es ist noch nicht perfekt, aber wir sind fast da. Es gibt Szenen, die wir radikal verändert haben, da gibt es keine Entwicklung, sondern eine komplett neue Idee. Und dann fragt man sich, warum man das nicht gleich so gemacht hat, aber so ist das im Theater. Theatre is a verb, not a noun. Es ist ein Prozess, und das macht auch den Zauber aus. Es ist eine künstlerische Reise, bei der man nicht weiß, wo sie endet.

Diese Reise habt ihr mit einem Ensemble gemacht, das nicht vom Musiktheater kommt. Gab es da für euch auch Überraschendes?

Adam Eine Überraschung war für mich zum Beispiel ein Moment mit Bettina (Spelunken-Jenny). Da gibt es eine Stelle im Finale des ersten Aktes, wo sie sehr hoch singen muss. Wir haben es mit Sprechgesang versucht, weil ich sie nicht dahin peitschen wollte. Und dann hat Barrie gesagt: Sing es wie Tina Turner! — Das hat sie gemacht, und das war gut! Da war plötzlich so viel Wut in ihrem Gesang, das war ein besonderer und toller Moment.

Barrie Ja, es ist wunderbar und auch sehr unerwartet. Ich mache nicht viel Sprechtheater, und die Chance, dass ich mal *Drei Schwestern* inszeniere, ist sehr gering. Sprechtheater ist nicht my cup of tea, also hatte ich zunächst Bedenken: Haben sie die Skills, haben sie Humor und auch die Fähigkeit zur Selbstkritik? Aber schon nach der ersten Woche wusste ich genau: Die Menschen, die wir ausgewählt haben, sind Juwelen und haben all diese Eigenschaften.

Sibylle Und sie haben Angebote gemacht.

Barrie Ja genau, das ist die vierte Sache. Wenn eine Szene nicht funktioniert, erwarte ich, dass sie Angebote machen. Und nicht nur eins, sondern zwanzig! Das war mit dieser Besetzung ein Geschenk! Da gab es keine Eitelkeiten im Probenraum, da war nichts als Spiellust. Das kannte ich so noch nicht vom Sprechtheater, das hat mich sehr überrascht.

Es gab eine schöne Szene während einer Probenpause. Da standen Constanze Becker und Tilo Nest (Mr und Mrs Peachum) im Hof, und auf die Frage, wie es denn so liefe, antworteten sie nur: Wir sind noch Suchende.

Barrie Und ich genieße die Suche! Ohne Suche gibt es kein Theater. Why the fuck would anyone im 21. Jahrhundert Theater oder Oper machen? Weil es geil ist! Und das hat auch mit dieser gemeinsamen Suche zu tun. Es gibt das Missverständnis vom „genialen Regisseur“, der das Gesamtkunstwerk erschafft. Das ist falsch und gefährlich. Das Wort „Regietheater“ ist furchtbar, es geht gegen alles, was Theater ist. Even if the ideas are great — man braucht das Team. Theater by its very nature ist Kollaboration!

Barrie hat bei unserem ersten Gespräch das Bild von einem Boot gebraucht, in dem ihr unterwegs seid. Ihr kennt die Richtung, der Kompass funktioniert, aber am Horizont ist noch nichts zu sehen. Jetzt ist die Reise fast zu Ende, wie sieht die Küste aus?

Sibylle Ich persönlich werde mit diesem Stück immer auf hoher See bleiben. Das hat mit dem Stück selbst zu tun, mit seiner Dialektik und den Widersprüchen, den Gegensätzen innerhalb der Dinge, die Brecht und Weill und all die anderen damals in so kurzer Zeit auf die Bühne gebracht haben, und auch mit der Art und Weise, *wie* sie das getan haben. Nicht nur Brecht und Weill spielen mit bestimmten musikalischen und theatralischen Formen, mit bestimmten Vorstellungen von Romantik oder Gerechtigkeit — immer wieder lassen auch die Figuren des Stückes durchblicken, dass sie es mit Theater und Spiel zu tun haben und dass sie das auch sehr genau wissen; und trotzdem können sie offenbar nicht damit aufhören, sich etwas vorzumachen. Was hat das mit den Verhältnissen zu tun, in denen sie leben? Wie sollen unter diesen Voraussetzungen tragfähige Beziehungen entstehen, auf persönlicher wie gesellschaftlicher Ebene? Darin liegt für mich der nach wie vor bedenkenswerte Kern dieses Stücks. Und je tiefer ich eintauche, desto mehr entdecke ich, und desto mehr finde ich die *Dreigroschenoper* ein zutiefst unterschätztes Werk. Und gleichzeitig glaube ich, dass man nicht alle Bedeutungsebenen jemals wird zum Ausdruck bringen können. Das ist der Zustand, in dem ich mich mit diesem Stück immer befinden werde, egal wann es rauskommt.

Barrie Kennst du diese Fähren in Griechenland, mit denen man zu den Inseln kommt? Manchmal ist die See so stürmisch, dass sie warten müssen, bevor sie in den Hafen einlaufen können. Und genau da sind wir jetzt. Corona ist der Sturm, der uns daran hindert, anzulegen. Wir sehen den Hafen, die Restaurants und Cafés und die Leute, die auf uns warten und winken, aber wir können noch nicht hin.

Adam Ich habe das Gefühl, wir sind auf dem Boot glücklich, wir wissen, dass wir uns gedulden müssen, aber wir werden irgendwann ankommen. Wenn nicht heute, dann hoffentlich bald.

What is *The Threepenny Opera* for you right now, at this very moment?

Adam Right now it is a lot of work on the computer for me. We made some changes after the first scenic rehearsals, we added musical interludes, and I am processing all of that with my musical collaborator, Daniel Busch, so that there will be up-to-date scores for everyone by next week. That's *The Threepenny Opera* for me at the moment.

Barrie For me, it's like a boat trip where you can't see the shore. Some days we have bad weather, some days are pleasant, and in between, we have dull times too. But we are underway, we know the course, the compass is working, and there is still nothing on the horizon. But that doesn't scare me, it's been going on like this for thirteen years.

And the "ship's crew"? They had to get acquainted with each other first, didn't they?

Barrie Adam and I have known each other for years, but neither of us has worked with this company before. It's an unfamiliar situation for us, but that's the deal. We thought long and hard about casting, about who is right for this or that role—musically, scenically, emotionally. And we saw after the first few weeks of rehearsals that all of our decisions had been right. And then there was this wonderful moment in the rehearsal process where you can suddenly speak with trust and frankness and say to each other: "That just sucked, let's try something else." The "ship's crew" trust us and we trust them.

Even though you can't see the shore yet—have you got an idea of what it might look like?

Barrie We don't just want to do "another" *Threepenny Opera*, rather we are trying to find an altogether different theatrical form. With surprises. A *Threepenny Opera* that makes sense in today's world, both musically and scenically. It takes courage, ambivalence, uncertainty—it's a huge risk, but that's a good thing. We are not trying to compete with the production of Robert Wilson, who has a very unique theatrical language. The challenge for us is more about the history of how Brecht was received and the fact that this is a flawed masterpiece—an "imperfect" work of theatre.

Barrie, at the concept rehearsal you said: music always wins out over text. After the rehearsal someone in the corridor said: Music does always win out, but Brecht is not just any old text.

Barrie Neither is Shakespeare. Yet when you try to sing Shakespeare, it's always bad. Most of the musical interpretations of Shakespeare's verse are really awful. That's why Arrigo Boito rewrote the lyrics for Verdi's *Falstaff* and *Othello*. The point I'm trying to make is that Brecht is already very powerful in his own right. Brecht is music, every spoken text is music. But what happens when text and music come together? That's a matter of alchemy and biology—music works faster and longer than a text.

Adam They say that music is the strongest of the arts because it touches you more immediately. How often do you cry or smile when you look at a painting? —Music draws you in so much more directly. We both understand the power of music and take the sung text very seriously. In other words, we will grant more power to the text—so text and music become equal, forceful competitors that join in a dance. Our aim is for people to not only say: Oh, what a beautiful melody! But that you stay with the text and the music emotionally and mentally, in equal measure.

Barrie Lest we talk at cross-purposes: Brecht's lyrics are absolutely brilliant! You can't say the music is better. But it does have this unique shamanistic quality. We don't cut lines in the text in order to have a shorter evening, we do it to improve the play. Usually, actors fight for every word they are allowed to say on stage. That's not the case here. Here they ask: Do we really need this sentence?—They recognise that the play needs some help.

During the concept rehearsal, Barrie also said that for him this is not Brecht's *Threepenny Opera* with Kurt Weill's music, but Kurt Weill's *Threepenny Opera* with Bertolt Brecht's words, what do you think of that, Adam?

Adam What's funny is that for me the most important thing is the text. I'm totally fascinated and inspired by this text and how it affects me and the actors. So the text comes first, but because I'm a musician, I can make sure the music matches it.

Barrie As for me, in the rehearsal room, I never talk to the singers about the music, instead we discuss the text and how to bring it together with the music. But as the director, I see the architectural shape of the evening—it's a rhythm of music, light, movement, and images. It has nothing to do with text, but everything to do with music. For most directors, *The Threepenny Opera* is a Brecht play punctuated by a few Weill songs—not for me.

Barrie, you also said at the concept rehearsal that you dislike the principle of "Park, Bark and Snark". How can that be avoided in a play like this, in which that is perhaps quite intended?

Barrie Good question, now we are talking straight. So, after The Ballad of Mack the Knife, the play opens with a song by Peachum, the Morning Chorale ...

Adam [singing] Wake up, you rotten Christian!

Barrie Exactly. It's kind of a cross between Bach and Luther ... you are not quite sure what it's all about. And in almost every production I have ever watched, Peachum would walk out on stage and bellow that number, even though it has such an incredibly beautiful melody. Then the play continues with this wonderful monologue—for me, the best monologue in the play. And it's delivered either as a misanthrope's angry rant against the world or in the tone of an indignant bore —neither of which is found in the music or the words. When we were rehearsing this with Tilo Nest the other day, he made a suggestion that is really very unusual for an actor. He said: Maybe at the beginning, you only hear my voice and do not see me on stage.

We tried that and it worked immediately. You can listen intently to the music and the text and at best ask yourself: who is this man, what is boiling inside him? Of course, there will be moments when passion comes into play and the characters shout at each other. But there is a distinction between the characters yelling at each other and the characters yelling at the audience in a schoolmasterly manner. That's a terrible tradition with Brecht: "I, the character, know better than you asshole in the stalls, you bourgeois filth." — To me that's unbearable, and ninety-nine per cent of the audience can't stand it.

Adam "Park, Bark and Snark" ... I think that postwar Germany either had a need for shallow entertainment, that is, for the perfect world of light opera, or people were looking for answers and the theatre was supposed to provide instruction. But now we live in different times, we do not want to be lectured or shouted at. Nor is that what the texts are about. They are full of contradictions and humanity. And that's how we sing it — not looking down at the audience, but eye to eye with them: "I think out loud and sharing my thoughts with you".

Barrie Adam is absolutely right. In English-language productions, it often goes like this: you read a few books of Brecht theory, watch a few films and then do a terrible version in that tradition. The actor steps out of character and starts lecturing. And the audience is like: "I couldn't care less. Stop screaming. Shut the fuck up."

Brecht gave very specific instructions for the characters, do you take that to heart?

Barrie I start by reading everything a composer or librettist has said about a play. And then it's like a buffet: I take something from here and from there, a little of the brioche, a scampi ... until the platter is empty. But the actors are not interested in reading any of this. They don't want to be told who or what their character is like.

Adam Take the Barbara Song, for example: "I once used to think in my innocent youth, (And I once was as innocent as you)". Who is "you"? Is it "you stick-in-the-mud" or "you square"? — That's how it's usually delivered. When I worked on the song with Cynthia, we felt that was wrong, and so we interpreted it in another way. As a result, she adopted a completely different attitude — not judgmental, but respectful of her counterpart, the parents.

Barrie You don't want to sit there for three hours and think: Oh well, Jenny is the sad hooker, Mackie is the asshole for three hours, Mrs Peachum is the wicked witch — you can't do that, I don't want to spend three hours watching that. And I direct what I would want to see as a member of the audience.

Are there times when you disagree with one another?

Barrie Of course. Every day. That's what's so wonderful about theatre. I'm not a god figure and Adam is not a musical father figure. If you're not constantly surprised or confronted with contradictions and willing to change your mind in the rehearsal room, there's no reason to do theatre. Zero. Of course it happens that I struggle against one of Adam's ideas for three days — he already knows that he is very patient in such cases because he knows that his idea is right. And at some point, I concede: Yes, he's right, we'll do it that way.

Adam And the other way around!

Barrie And the other way around. There's the misconception about the role of the director: I have the answer, which will be tested in a three-month-long laboratory trial. Many directors work like that, and you can witness the results on stage: it's uninteresting.

What about the argument that *The Threepenny Opera* is also a critique of society?

Barrie *The Threepenny Opera* was never planned as a great critique of social conditions. The play contains no more social criticism than *Die Fledermaus*: they don't go to the ball, they go to prison. Maybe some Brecht fans will be appalled when I say that. But this is not *Mother Courage*, it is not *Arturo Ui*, it is no *Chalk Circle*, it is no *Galileo*. It's something completely different. And Mack is not "Everyman"! He is not representative of all people, he is Mack The Knife. Just as Don Giovanni or Carmen are Frankenstein creatures who reflect different human extremes. But they are not "Everyman" — nobody is "Everyman", the concept of "Everyman" is silly.

Barrie, you once said Weill was one of your five favourite composers. Now, of course, the question would be ...

Barrie Who are the other four? In no particular order, I would say (he pauses briefly) Schumann, Rameau, Mozart, and Stravinsky. I don't have a definitive list. There are more than five, of course. Composers like Gershwin or Mahler are also missing. That's music I live with every day.

Adam, Kurt Weill wrote the piece for 23 instruments and 7 musicians who have to master all these instruments...

Adam Yes, exactly, it was written for a particular seven-piece band, the Lewis Ruth Band, where the drummer also played the trumpet, the guitarist also played the cello, and there were other combinations. Incidentally, that was also the case with *Rhapsody in Blue* by George Gershwin, where there was a special mixture of twenty musicians who played unusual combinations of instruments. Now we also have seven musicians, but I have rewritten it so that the part of the second trumpeter is played by the saxophonist and that of the violoncello by the double bass.

Adam We cast the band from people around us. A colourful mix of people from a variety of musical genres, different ages, genders, and social backgrounds. That is enriching, and together with them, I want to discover how they feel and play this music. They are all expressive musicians who touch the listener when they play. For me, that is what matters most. That I can laugh and cry, that I can feel pain. Many musicians can play in a clean and accurate way, but only a few can really touch you.

And then there is the rehearsal process, where music and words are brought together by musicians and actors. And that is where the musicians' input is just as important as the actors' input. Our Polly will be different from what we had originally imagined because Cynthia Micas is bringing something to the table that we had not expected. Likewise with the musicians. Barrie and I work in a very similar way. We ask for ideas and then see what's good and what touches us.

How do you reconcile your ideas with those of the actors and musicians?

Barrie Adam as musical director and I as the director can only ever be as good at what we do as the people we have in front of us. This means we can have brilliant ideas and make ingenious suggestions, but if someone lacks the talent to make it happen, through their instrument or their body—then you can forget it. For me, the performance itself is the ultimate centre of the performing arts. It doesn't matter how good the conductor or the director may be—the evening is made by the people who are on stage. You're always looking for that magical relationship. It's an interchange of ideas, it's about trust, respect, and inspiration. It's hard to put into words, it is what it is. Working this way not only makes the work more fun, it makes it better. That's the work!

Would *The Threepenny Opera* be different at the Komische Oper than it is here?

Barrie I would never do the play there.

Does one perhaps still feel somewhat different when it's the auditorium where Brecht also sat and staged this play with all the well-known obstacles during the chaotic rehearsal period? Barrie, do you run the risk of always feeling that Brecht and Weill are breathing down your neck, Barrie, a bit like Statler and Waldorf, the two seniors constantly ranting and raving from their box in the Muppets show?

Barrie For me, that is not an issue. I do feel their ghosts, sure. And of course, that's a lovely Muppets metaphor. To stay with the image: It wasn't just Statler and Waldorf, it was the entire Muppets Show. The others were all there too. There was Fozzy Bear, Gonzo, and Miss Piggy. That's what makes it so unique. When you are in Bayreuth, you think the whole time that Richard Wagner is sitting in the stalls. And maybe Cosima, a few rows back. That's it. But here I don't just think of Brecht. I think just as much of Engel, Aufricht, Karl Kraus, Canetti—this whole railway station full of people. I don't have the feeling that someone is sitting in the box watching me. Apart from the fact that Brecht was the only one who was sitting, Weill never sat down. He was far too nervous and excited. It was a crazy episode of The Muppet Show indeed. And we will get this show on.

Do you feel the "ghosts" of Brecht and Weill when you work in this house?

Barrie The ghosts are there, but they are very good ghosts. Compared to Bayreuth. At the end of *Meistersinger*, after the premiere, I performed an exorcism. From that point on, Wagner has disappeared, but before that, I constantly had the feeling that he was whispering in my ear. Here it's completely different.

Adam I'm in contact with both of them, and I consider that an enrichment. As a composer or playwright, you are happy that others are tackling your work. I think the spirits are happy. They have chosen us and say: Do your thing!

Barrie These two men were theatre people from head to toe. They understood compromise, chaos, excitement, depression, problems. This part is too long, that part has not enough text, there's too much music in one place, we need a costume change in another. They knew all that. To them it was more than an infection, it was in their DNA. And so we are in very safe hands. Brecht can only live on if you allow him to be adapted. Of course, we want to honour him, nobody wants to stage a bad Brecht. But theatre thrives on new ideas and a new perspective. And it's terrific that Johanna Schall is so open about it. I can understand when people are protective of something, but that can be problematic for art. Brecht and Weill's work is ingenious. It's interesting and quirky and new and ambivalent and incredible. But you have to dust it off and see what's there. At first, it's just words by Brecht and music by Weill, black and white dots on paper, nothing more. They require our breath to infuse them, the golems, with life. That's what theatre is, it's as simple as that.

Adam I work with a computer programme that can play the score, and I'm such a dynamics freak, that is, I programme a quiet part here, a crescendo there, and so on. When I let the computer play it, it sounds flawless, perfect. But when the trumpeter plays his own "quiet", with his own anguish or eroticism, his own emotionality, then you can really hear the essence of it, then it comes to life.

How do you get a musician to deliver that emotionality night after night?

Adam By establishing a sense of trust.

Barrie Have you ever seen him conduct? It's unique. Every performance feels like a first night, there's no routine. He doesn't do slapdash music. He conducts as if it were the first and last performance. If I can say that.

Adam [laughs] Thank you.

Barrie And that does make a difference. Not on a single night after the premiere does he show up to work indifferently. Each time he tries to find something new. Let me answer that question for you, Adam. He goes into the performance and realises: today the first part wasn't all that good, I'll try something different in the second half. That's the next part of the process. For me, the performance is the less interesting part of the process, for him it may well be the most important. Because all of a sudden, his entire work comes to light, in front of the audience. I'm long gone by then.

Adam Every night we are in a different mood, and so is the audience. Sometimes the audience needs some fire and sometimes longer pauses. During the rehearsals, we learn to trust each other, and then we experience it together. Both the actors and the musicians feel what's going on in the auditorium. And that is always different. There is no ideal performance that we simply have to replicate. Instead, we get to forge new emotional connections each time and live through that with the audience.

Barrie When I'm plowing through the internet at home to find old recordings of Weill and Brecht, I'm amazed at how little real attention has been paid to the words and the music. With a few exceptions, of course. The colours, the dynamics. It's shocking. It is almost all in one colour. The problem is if you have three or four verses and the score is always exactly the same, it's just boring. And so we're almost obsessed with finding other colours. I ask the actors to propose something. I'm not going to tell you what colour, orange, blue, purple. You make the proposition. And then I say: that's nice. I can say what's good or bad. But I don't like to say: please more of this or less of that. When you start working like that, the actor is always forced to go in a certain direction. The direction must come from the actor.

Adam For the most part, these songs are three minutes long. When you are talking to someone for three minutes, when you want to convince someone, you will use several different strategies. Let's say, for example, you want your parents to buy you a car. First, you say it in a pleading way, you flatter them. Then you make them feel guilty: "But everybody else has a car as well". Then you might get angry. It's the same with songs. The actor must go through a process while singing.

Barrie Opera singers are always shocked. They check the rehearsal schedule and say, "Three hours, for this five-minute scene? We don't need that." And then I say "Oh yes we do, we need three hours". And then they sing their parts and I say "Where's the question mark?" Quite often they don't understand what I am talking about. But there's a question mark in the text. It's a question, so we need an answer. It needs to be sung with a question mark. It's shocking how many directors won't go through the trouble. But that's what directing is about.

And there is something else going through my head just now: everyone knows, of course, that *The Threepenny Opera* bears a resemblance to the Bible story. It's got biblical quotations all over it. Old Testament and New Testament. For example, Jenny's betrayal as a parallel to the betrayal of Judas, the Garden of Gethsemane, or the crucifixion. You always think there are just echoes and reflections, but the more I look into it, the more I come to the realisation that it is a complete parody of the last days of Jesus Christ. Macheath's wedding is a cross between the birth of Jesus in a stable and the Last Supper. It's fantastic. Then there's the man no one understands, neither the believers nor the unbelievers. Peachum never stops quoting the Old Testament—sin, grace, betrayal, and resurrection. Jenny is Judas and Mary Magdalene in one character. Awesome! Brilliant! Mack comes off as the Antichrist, a deus ex machina. It's an operatic symbol, of course, but it's also in the Bible. Must Macheath be nailed to the cross for our sins?

What Brecht is talking about is so complex and contradictory. And we're asking ourselves right now how a deus ex machina could work in the 21st century. But maybe the machine doesn't work at all. Is Mack actually dying? Or is he messing with us and not dead at all? And what would that mean? Perhaps that's an interesting thought, that we live in a time when the deus ex machina no longer works. We are not sure yet. Ask me again in a few weeks. But I've already told the cast that we're going to construct a couple of completely different endings before we know which one it will be. And I never do the ending before I've finished everything else. An ending belongs at the end. And the ending could become our common running gag. What's happening with the end, Barrie? Is there a solution yet? What's happening with the goddamn ending? Maybe I'll rehearse a new ending every time until opening night. The ending as a work in progress.

[Second part of the conversation, this time dramaturge Sibylle Baschung is also present.]

It has now been three months since our first conversation, how have you been?

Barrie The only upside to all this Corona shit is that we've had a theatrical process one can only dream of. That is to say, we worked towards a certain endpoint, the "premiere" without an audience, but then we were able to take another very critical, objective, and hard look at everything and find out what worked and what didn't. Normally after the premiere, it's all over, then you have to live with what you have. We had the luxury of returning to the stage after two months and continuing with the work. In my thirty years of theatre, I have never experienced anything like that. That was the one silver lining of this year's pandemic.

Adam From the musical side, the fact that we've now had this break again is also a gift. It allowed me to transfer all the changes we made with actors and musicians into new scores. The musicians don't have a pencil in their mouths anymore, everything is clean—that makes for a great calm in our orchestra pit. And the same goes for the actors, who have to consider so many things all the time during a number—text, music, posture—it all has a lightness now, as if after thirty performances.

Barrie It's like a red wine that sits in the cellar and gets better and better. And when we eventually pour that red wine out to the audience, it will be even richer.

Sibylle Yes, it can settle and mature. For me, the whole thing was a curse and a blessing in one. A blessing because we didn't have the permanent tension that normally dominates during the final phase of rehearsals, but rather were able to look at things afresh thanks to this break. At the same time, it was also a curse for me, because as a dramaturg, everything is open in my head, and therefore it is also possible to question everything. In a way, I am my own witch who places a curse on herself.

Barrie Yes, Sibylle always says she could stay in this Borges labyrinth forever. But over the course of this last week, we've made a huge leap, it's not perfect yet, but we're almost there. There are scenes we've radically changed, there's no development, it's a completely new idea. And then you wonder why you hadn't done it that way in the first place, but that's how it is in theatre. Theatre is a verb, not a noun. It's a process, and that's part of the magic. It's an artistic journey and you never know where it's going to end.

You made this journey with a cast that doesn't come from musical theatre as you do. Was there anything that surprised you?

Adam One surprise for me was a moment with Bettina (Ginny-Jenny). There is the part in the finale of the first act where she has to hit a very high note. We tried it with chanting because I didn't want to force her there. And then Barrie said: Sing it like Tina Turner!—

She did, and it was good! Suddenly there was so much anger in her singing, that was a special and amazing moment.

Barrie Yes, it's wonderful and also very unexpected. I don't do a lot of spoken word theatre, and the chances of me someday directing *The Three Sisters* are very slim. Speech theatre is not my cup of tea, so I had reservations at first: do they have the skills, do they have a sense of humour, and the ability to be self-critical? But after the first week, I was sure: the people we have chosen are jewels and have all these qualities.

Sibylle And they made their own suggestions.

Barrie Yes exactly, that's the fourth point. If a scene doesn't work, I expect them to make suggestions. Not just one, but twenty! With this cast here, it was a gift! There was no vanity in the rehearsal room, there was nothing but the desire to act. I hadn't seen that in spoken word theatre before and it surprised me very much.

I remember a lovely scene during a break in rehearsals. Constanze Becker and Tilo Nest (Mrs and Mr Peachum) were standing in the courtyard, and when asked how things were going, they simply replied: We are still searchers.

Barrie And I do enjoy the search! Without searching there is no theatre. Why the fuck would anyone want to do theatre or opera in the 21st century? Because it's cool! And that also ties in with this collective search. There is the misconception of the "genius director" who creates the Gesamtkunstwerk. That is plain wrong and also dangerous. The term "director's theatre" is terrible, it goes against everything that constitutes theatre. Even if the ideas are great—you need the team. Theatre by its very nature is collaboration!

In our first conversation, Barrie brought up the image of a boat in which you are travelling. You know the direction, the compass is working, but there is still nothing on the horizon. Now the journey is almost over, what does the coast look like?

Sibylle As far as I'm concerned, I'll always stay on the high seas with this piece. That has to do with the play itself, with its dialectics and the contradictions, the antagonisms within the things that Brecht and Weill and all the others brought to the stage in such a short time back then, and also with the way they did it. And it is not only Brecht and Weill who play with certain musical and theatrical forms, with certain ideas of romance or justice—time and again, the characters in the play also let it be known that they are involved in a play and that they are very much aware of this; and yet they can't seem to stop deceiving themselves. What does this have to do with the conditions in which they live? How are viable relationships supposed to develop under these conditions, on a personal as well as on a societal level? For me, that is still the relevant crux of this play. And the deeper I dive into it, the more I discover, and the more I find *The Threepenny Opera* to be a fundamentally underrated work. And at the same time, I don't think it is ever possible to fully convey all the levels of meaning. That's where I'll always be at with this piece, no matter when it comes out.

Barrie You know those ferries in Greece that take you to the islands? Sometimes the sea is so rough that they have to wait before they can make it into the harbour. This is exactly where we are now. Corona is the storm that keeps us from docking. We can see the harbour, the restaurants and cafés, and the people waiting and waving at us, but we can't get there yet.

Adam I feel like we're quite happy on the boat, we know we have to be patient, but we'll get there at some point. If not today, then hopefully very soon.

117

115 *Die Zuhälterballade*, Nico Holonics (Macheath), Bettina Hoppe (Spelunken-Jenny).
116 *Verhaftung von Macheath*, Constanze Becker (Mrs Peachum).
117 Bühnenbauer Hertzer GmbH / Berlin-Niederschönhausen, 9. Dezember 2020.

115 *Pimp's Ballad*, Nico Holonics (Macheath), Bettina Hoppe (Ginny-Jenny).
116 *Macheath arrest*, Constanze Becker (Mrs Peachum).
117 Stage builder Hertzer GmbH / Berlin-Niederschönhausen, December 9, 2020.

118 Nico Went, Julie Wolff, Nicky Wuchinger (Polizisten).
120 Bühnenbauer Hertzer GmbH / Berlin-Niederschönhausen, 9. Dezember 2020.
121 *Im Kerker*, Nico Holonics (Macheath), Kathrin Wehlisch (Tiger Brown).

118 Nico Went, Julie Wolff, Nicky Wuchinger (Policemen).
120 Stage builders, Hertzer GmbH / Berlin-Niederschönhausen, December 9, 2020.
121 *In the dungeon*, Nico Holonics (Macheath), Kathrin Wehlisch (Tiger Brown).

„Es gibt immer einen Wechsel von ‚Ich liebe dich' und ‚Kommen wir zum Geschäft'. Brecht ist ein Fuchs, wie er diese Dinge gegeneinander setzt." (Kathrin Wehlisch über das Verhältnis zwischen Tiger Brown und Macheath)

"There's always an alternation of 'I love you' and 'Let's get down to business.' Brecht is a fox in the way he sets these things against each other." (Kathrin Wehlisch on the relationship between Tiger Brown and Macheath)

122—123 *Ballade vom angenehmen Leben*, Nico Holonics (Macheath), Bühnenprobe / Großes Haus, 22. Januar 2021.
124—125 *Im Kerker*, Laura Balzer (Lucy), Nico Holonics.
122—123 *Ballad of the Pleasant Life*, Nico Holonics (Macheath), on-stage rehearsal / Großes Haus, January 22, 2021.
124—125 *In the dungeon*, Laura Balzer (Lucy), Nico Holonics.

126 Cynthia Micas (Polly).
127 *Eifersuchtsduett*, Laura Balzer (Lucy), Cynthia Micas, Barrie Kosky, szenische Probe / Probebühne, 23. Dezember 2020.
129 Laura Balzer.
130 Cynthia Micas.

126 Cynthia Micas (Polly).
127 *Jealousy Duet*, Laura Balzer (Lucy), Cynthia Micas, Barrie Kosky, scene rehearsal / Probebühne, December 23, 2020.
129 Laura Balzer.
130 Cynthia Micas.

Es ist etwas sehr Besonderes, die Polly an dem Ort spielen zu dürfen, wo die Uraufführung war. Die *Seeräuber-Jenny* kannte ich schon als Kind und habe sie sogar mal an einem Geburtstag für meine Großeltern gesungen. Eine meiner Lieblingsversionen ist die von Nina Simone, die liebe ich über alles. Dass ich dann zum Vorsingen an die Komische Oper eingeladen wurde, war natürlich aufregend. Aber Barrie und Adam waren sehr herzlich und freundlich, deshalb war das ein schönes Vorsingen. Neben der *Moritat* habe ich *Suppertime* von Irving Berlin gesungen —eigentlich ein sehr trauriger Song, aber Barrie wollte mir ein gutes Gefühl geben und hat dazu immer lächelnd geschnipst, so ein Schnipsen kann ja auch zu einem traurigen Lied passen. Man kann mit ihm und Adam wirklich sehr angstfrei arbeiten.

In Vorbereitung auf die Rolle habe ich viel über Brecht gelesen und denke, dass er Macheath so einiges mitgegeben hat, was seine eigene Beziehung zu Frauen betrifft. Wie Brecht ist Mack ja auch kein Kind von Traurigkeit. Und da würde ich Polly doch zu einer der ernsthafteren Beziehungen zählen. Sie ist die Tochter des Chefs einer Bettler-Mafia, lernt gerade ihre erste Liebe kennen und versteht, dass man sich nicht aussuchen kann, in wen man sich verliebt. Es geht ja alles sehr schnell. Macheath ist ein Gangster, den sie ein paar Tage später heiratet, kurz darauf wird er von der Polizei gesucht und gefasst, sie besucht ihn im Gefängnis, wo sie erfährt, dass er noch andere Frauen hat, und ihr gegenüber nicht loyal ist. Sie erlebt eine Achterbahn der Gefühle, ist aber nicht naiv. Sie wird oft als das bravste und reinste Wesen der Welt gezeigt, aber ich glaube, wenn man Eltern wie Polly hat, ist man nicht brav. Und mit denen legt sie sich ja auch an und steht für das ein, was sie denkt. Vielleicht war sie etwas ahnungslos, was Macheath betrifft, aber spätestens bei der Hochzeit versteht sie, dass ihr Mann alles andere als eine weiße Weste hat.

It is a great privilege to play Polly in the venue where it premiered. I already knew *Pirate Jenny* as a child and even sang it once for my grandparents on a birthday. One of my favourite versions is the one by Nina Simone, I love her more than anything. Of course, it was exciting when I was invited to audition at the Komische Oper. But Barrie and Adam were very warm and friendly, so it was a nice audition. In addition to *Mack the Knife*, I sang *Supper Time* by Irving Berlin—which is really a very sad song, but Barrie wanted to make me feel good and kept snapping his fingers with a smile, as snapping can also go with a sad song. You can work with him and Adam without fear.

In preparation for the role, I read a lot about Brecht and I believe that he put quite a bit about his own relationship with women into the character of Macheath. Like Brecht, Mack is no blushing flower. And I would count Polly as one of his more serious relationships. She is the daughter of the boss of a beggar mafia, she is just getting to know her first love and understands that you do not get to choose who you fall in love with. It all happens very quickly, after all. Macheath is a gangster whom she marries a few days later. Shortly after he is pursued and apprehended by the police, she visits him in jail where she learns that he has other women and is not loyal to her. She goes through a roller coaster of emotions but is not naive. Often she is portrayed as the most mannerly and modest being in the world, but I believe that you won't turn out to be mannerly with parents like hers. And Polly does stand up to them and speak her mind. She may well have been somewhat clueless about Macheath, but by the time the wedding is underway, she has come to understand that her husband is anything but virtuous.

133 *Eifersuchtsduett*, Laura Balzer (Lucy), Cynthia Micas (Polly).
134 Kathrin Wehlisch (Tiger Brown), Laura Balzer, Nana Gagel (Maske), vor der ersten Hauptprobe / Maske, 26. Januar 2021.
135 *Flucht aus dem Kerker*, Kathrin Wehlisch, Laura Balzer, Nico Holonics (Macheath), Barrie Kosky, szenische Probe / Probebühne, 8. Januar 2021.

133 *Jealousy Duet*, Laura Balzer (Lucy), Cynthia Micas (Polly).
134 Kathrin Wehlisch (Tiger Brown), Laura Balzer, Nana Gagel (Make-up), Make-up before the first dress rehearsal / Make-up, January 26, 2021.
135 *Escape from the dungeon*, Kathrin Wehlisch, Laura Balzer, Nico Holonics (Macheath), Barrie Kosky, scene rehearsal / rehearsal stage, January 8, 2021.

137 *Flucht aus dem Kerker*, Kathrin Wehlisch (Tiger Brown), szenische Probe / Probebühne, 8. Januar 2021.
138 *Im Kerker*, Tilo Nest (Mr Peachum), Kathrin Wehlisch.
139 Kostümanprobe / Foyer, 15. Dezember 2020.

137 *Escape from the dungeon*, Kathrin Wehlisch (Tiger Brown), scene rehearsal / rehearsal stage, January 8, 2021.
138 *In the dungeon*, Tilo Nest (Mr Peachum), Kathrin Wehlisch.
139 Costume fitting / Foyer, December 15, 2020.

140 *Verfolgungsjagd*, Nicky Wuchinger (Polizist), Nico Holonics (Macheath).
142—144 Nico Holonics, Friederike Reichel (Maske), Verena Martin (Leitung Maske), Gipsabdruck von Nico Holonics' Händen / Färberaum, 15. Dezember 2020.

140 *Hot pursuit*, Nicky Wuchinger (Policeman), Nico Holonics (Macheath).
142—144 Nico Holonics, Friederike Reichel (Make-up), Verena Martin (Make-up supervisor), plaster cast of Nico Holonic's hand / dye room, December 15, 2020.

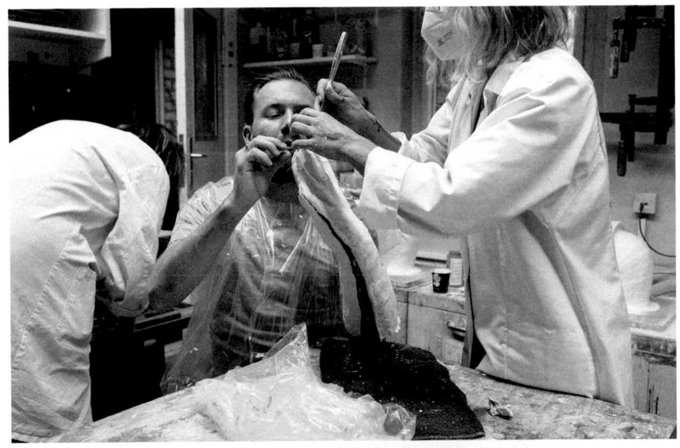

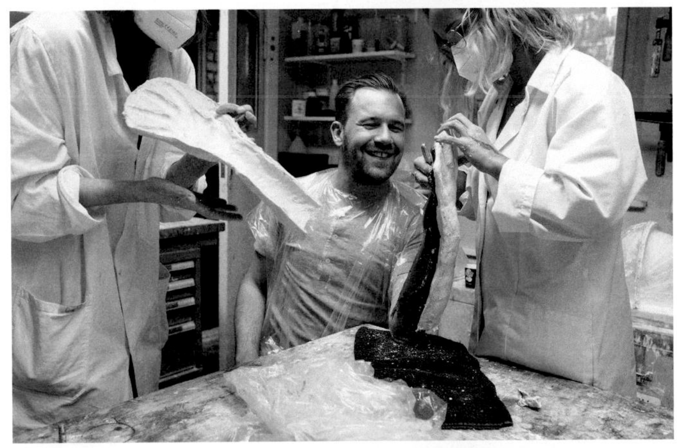

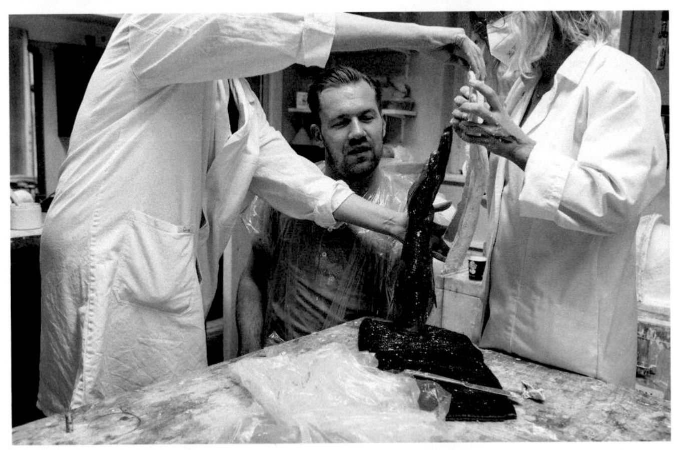

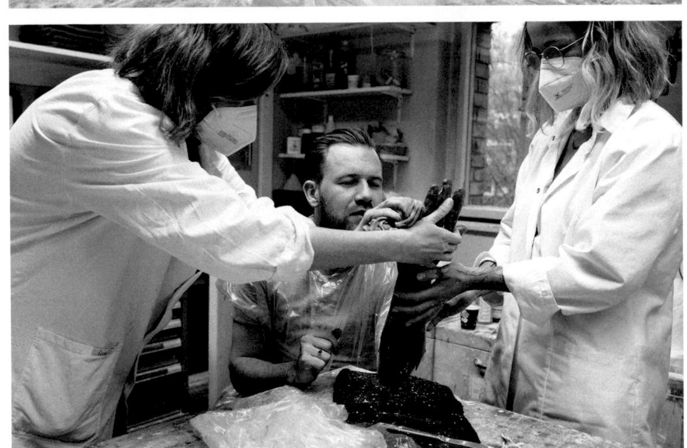

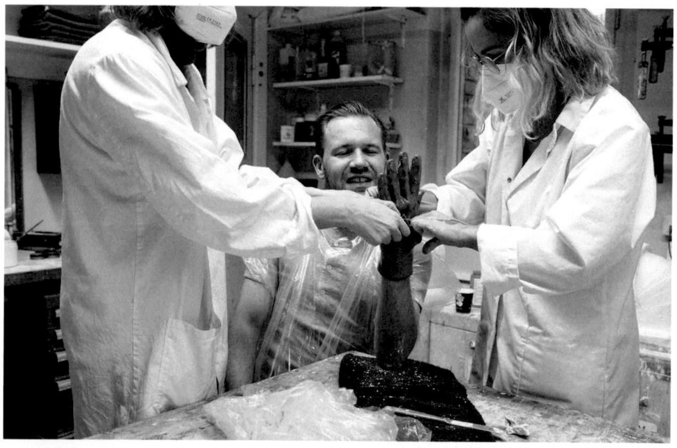

147 Nico Holonics (Macheath).
148 *Zweites Dreigroschenfinale*, Nico Holonics, Nicky Wuchinger (Polizist).
147 Nico Holonics (Macheath).
148 *Second Threepenny Finale*, Nico Holonics, Nicky Wuchinger (Policeman).

Viele Fragen diese Figur betreffend kamen eigentlich von außen. „Wie machst du das?“, „Was ist das besondere an der Figur“, „Wie verdrängt man die Interpretationen vor dir?“ Das kam sehr viel, sobald ich davon erzählt habe. Ich selber bin an Mackie Messer aber erst mal gar nicht anders ran gegangen, als an andere Figuren, um eben tief stapeln zu können. Ich dachte mir: Diese Figur wird so gehyped, dass schau ich mir doch lieber erst mal in aller Ruhe an. Um was geht es? Was ist das für ein Typ? Was will der? Die simplen W-Fragen. Diese ganzen Erwartungen an diese Rolle heraus zu halten und zu gucken, wer mein Mackie 2021 ist, das waren die Hauptaufgaben, neben der akribischen musikalischen Vorbereitung natürlich, die zusammen mit Adam über ein dreiviertel Jahr dauerte.

Ich hab mich viel mit der Zeit beschäftigt, in der das Stück spielt und natürlich mit der Zeit, in der wir jetzt leben. Schaue mir an, was die Parallelitäten sind. Da geht man dann auch assoziativ vor: An was erinnert dieser Typ mich? Was für Musik passt zu ihm? Was würde er heute tragen? Die Parallelen, auch zu unserer ganz aktuellen Situation während dieser Pandemie, sind ja nicht zu übersehen. Eine der stärksten Stellen der *Dreigroschenoper* ist sicherlich „Und die einen sind im Dunkeln / Und die andern sind im Licht / Doch man sieht nur die im Lichte / Die im Dunkeln sieht man nicht.“ Wir leben ja mitten in dieser Krise und wieviele Menschen sind gerade im Dunkeln und werden nicht gesehen? Künstler, Gastronomen, Menschen, die sozial benachteiligt sind, Leute die in den Wohnungen verschwinden, weil das öffentliche Leben still steht, bis hin zu Themen wie häuslicher Gewalt. Wer ist denn noch dabei und wer ist abgehängt? Teilhabe ist ein Riesenthema für mich. Wer wird nach 2021 noch dabei sein? Die soziale Frage, die in der *Dreigroschenoper* ja massiv behandelt wird und die Frage, wie man aus so einer Situation mit lauteren Mitteln als Gewinner, oder wenigstens unbeschadet, herauskommt, das ist ja unglaublich immanent in unserer Zeit.

Und auch wir haben ja ins Dunkle hinein geprobt. Wir wussten ja nie, wann das Licht angeht, wann die Premiere sein wird. Das behandelt jeder Schauspieler und jede Schauspielerin im Ensemble anders. Ich zum Beispiel hab mich mit Mackie ganz zentral an einem Punkt getroffen: Wir haben beide ein Problem, wie lösen wir das jetzt? Als ob man eine Wand vor sich sieht, sei es die Corona-Krise oder die Tatsache, dass man keine Premieren-Termine hat. Ich als Mensch und Schauspieler bin dann so gepolt zu überlegen: Was könnte mir das auch Gutes bringen? Wie kann man davon profitieren und aus der Not eine Tugend machen?

Ich hab dann für mich sehr schnell entschieden: Wunderbar, ich hab mehr Zeit mit Barrie Kosky. Und Zeit mit meinen Kolleginnen und Kollegen weiter zu feilen. Ich konnte gefühlt auch viel druckfreier und ergebnisoffener proben. Viel prozessbezogener auch, weil ich ja wusste, es wird jetzt erst mal keine Premiere stattfinden. Ich versuche das alles in mir wach zu halten, auch wenn ich nicht glaube, dass ich das jetzt noch mal ein Jahr durchhalten würde mit dieser Rolle. Aber diese Figur und die Kolleginnen und Kollegen, mit denen ich das alles erarbeite, die sind so spannend, dass ich es als irren Luxus empfinde, sich diese Zeit aktuell nehmen zu können. Wir sind ja immer noch mitten im Prozess, obwohl die ursprüngliche Premiere schon vor einigen Wochen sein sollte. In ein paar Tagen wird es neue Proben geben und das gibt uns natürlich die Möglichkeit herauszufinden, was wir noch ändern können und müssen, was noch nicht exakt stimmt oder wo wir unseren Entscheidungen von vor einem Monat skeptisch gegenüber stehen.

In einem normalen Probenprozess von sechs Wochen kriegt man nicht immer alles gelöst. Oft kriegt man das dann über die Vorstellungen hin. Und wir haben halt diesen Luxus, uns selber immer wieder zu überprüfen, auch mit ein paar Wochen Abstand. Wir müssen uns an manchen Stellen nicht mit dem *Gut* zufrieden geben, sondern können auf die Suche nach dem *Sehr Gut* gehen.

Dazu gibt Barrie einem durch sein Vertrauen in die Schauspieler, die Möglichkeit, sich selber einzubringen. Wenn jemand dir so eine riesige Spielwiese zur Verfügung stellt und sagt „You can do everything“, da ist man ganz anders aufgerufen, selbst mitzuarbeiten. Das liebe ich sehr an der Arbeit. Wenn ich sage, dass irgendwas nicht funktioniert, dann sagt er einfach „Ok, dann bauen wir dir etwas, dass es funktioniert“. Das ist mir am Regietheater in Deutschland bisher eher selten begegnet. Da wird gern mal verbissen oder mit negativer Energie gearbeitet. Mit Barrie ist sehr oft alles neu, weil er über Nacht herausgefunden hat, dass die Szene für ihn nicht stimmt. Theater als offenen Prozess zu begreifen, das kommt mir als Schauspieler, der an dem Risiko interessiert ist, immer wieder neu hinzugucken, irre entgegen. Ich kriege eher Beklemmungen, wenn ich mich in einem zu festgezurrten System auf der Bühne befinde.

Und dennoch gibt es mit unserem sehr speziellen Bühnenbild und dem Orchester einen Rahmen. Diesen Rahmen als freiheitsliebender Schauspieler zu akzeptieren, das ist eine krasse Aufgabe. Ich liebe Produktionen, wo ich den Raum habe, frei zu sein, wo ich improvisieren kann. Plötzlich gibt es da aber ein Orchester. Und einen Adam Benzwi, der da sitzt und sagt „Und los!“

Da schickt dich jemand auf die Schienen und es geht nur noch nach vorne. Ich geb den Rhythmus gar nicht mehr vor, ich muss mich dem Takt dieser wunderbaren Musiker fügen. Das ist ein ganz eigener Reiz, das Tempo abzugeben. In diesem Konstrukt dann wieder frei zu werden — das ist der Reiz.

Many of the questions concerning this particular character actually came from the outside. “How do you do it?”, “What is special about the character?”, “How do you get beyond previous interpretations?”. There was a lot of that as soon as I started talking about it. I myself didn’t approach Mack the Knife any differently from other characters at first, in order to be able to understate the role. I figured: this character is so hyped, I’d better take a good look at it first. What is it about? What kind of guy is he? What does he want? The basic W-questions. To steer clear of all these expectations for this role and to see who my Mack 2021 is going to be, those were my primary concerns, apart from the meticulous musical preparation with Adam, of course, which took over three-quarters of a year.

I spent a lot of time thinking about the period in which the play is set and, of course, the period in which we live now. I try to see what the parallels are. I also draw on associations: What does this guy remind me of? What kind of music would suit him? What would he wear today? It’s hard to miss the parallels, even to our very current situation during this pandemic. One of the strongest passages in *The Threepenny Opera* is certainly “There are some that live in darkness / And the others live in light / And you see the ones in brightness / Those in darkness drop from sight.” We are living in the middle of this crisis and how many people are in darkness right now and have dropped from sight? Artists, restaurateurs, the socially disadvantaged, people who disappear into their homes because public life is at a standstill and even issues like domestic violence. Who is still included and who is left behind? Participation is a huge issue for me. Who will still be around after 2021? The social question, which is a major theme in *The Threepenny Opera*, and the question of how to emerge from such a situation by fair means as a winner, or at least unscathed, is unbelievably immanent in our time.

And we did rehearse in the dark, too. Because we never knew when the lights would go on when we could expect to open. Each actor in the cast has their own way of dealing with that. I, for example, found a very central point with Mack: We both face a problem, how are we going to solve it? It’s as if you are facing a wall, whether it’s the Corona crisis or the fact that you don’t have a date for the premiere. In such a situation, as a person and an actor, I’m hard-wired to think: Could this also do some good for me? How can one benefit from it and make a virtue out of necessity?

And I decided for myself very quickly: Wonderful, I have more time with Barrie Kosky. And time to continue honing the craft with my colleagues. I also had the feeling that I could rehearse with less pressure and greater openness. And much more process-related, because I knew that the premiere wasn’t going to go ahead for a while. I try to keep it all alive in me, even though I don’t think I could hold out another year with this role. But this character and the colleagues with whom I’m working are so exciting that I consider it a luxury to be able to take this time. We are still right in the middle of the process while the original premiere was supposed to have taken place a few weeks ago. In a few days, there will be new rehearsals, and that will of course allow us to determine what we can and must still change, what is not exactly right yet, or where we have doubts over our decisions of a month ago.

In a normal rehearsal process of six weeks, you cannot always find solutions for everything. Quite often you work things out over the course of the performances. And we just have this freedom to check ourselves again and again, even with a couple of weeks’ interval. In some places, we don’t have to settle for the good but can look for the very good.

Moreover, Barrie’s trust in the players gives you the opportunity to bring in your own ideas. When someone provides you with such an expansive playground and says “You can do everything”, you have a completely different motivation to contribute yourself. That’s what I love about the work. If I say that something doesn’t work, then he simply says “Ok, then we’ll create something for you that does work”. That is something I have rarely encountered in German theatre directors. They tend to work obsessively or with negative energy. With Barrie, things can often change completely overnight because he has found out that the scene isn’t right for him. Understanding theatre as an open process is something that suits me incredibly well as an actor interested in the risk of always looking anew. I tend to get anxious when I find that I am caught on stage in a system that is too rigid.

And yet, our very distinctive stage design and the orchestra do provide a framework. It is a daunting task to accept this framework as a freedom-loving actor. I love productions where I have the space to be free, where I can improvise. But suddenly there is an orchestra. And an Adam Benzwi who sits there and says “Go for it!”.

Someone sends you on the tracks and from then on it is all going forward. I no longer set the rhythm, I have to submit to the beat of these wonderful musicians. There is a very unique attraction in giving up control of the tempo. And then to become free again within this construct — that’s the attraction.

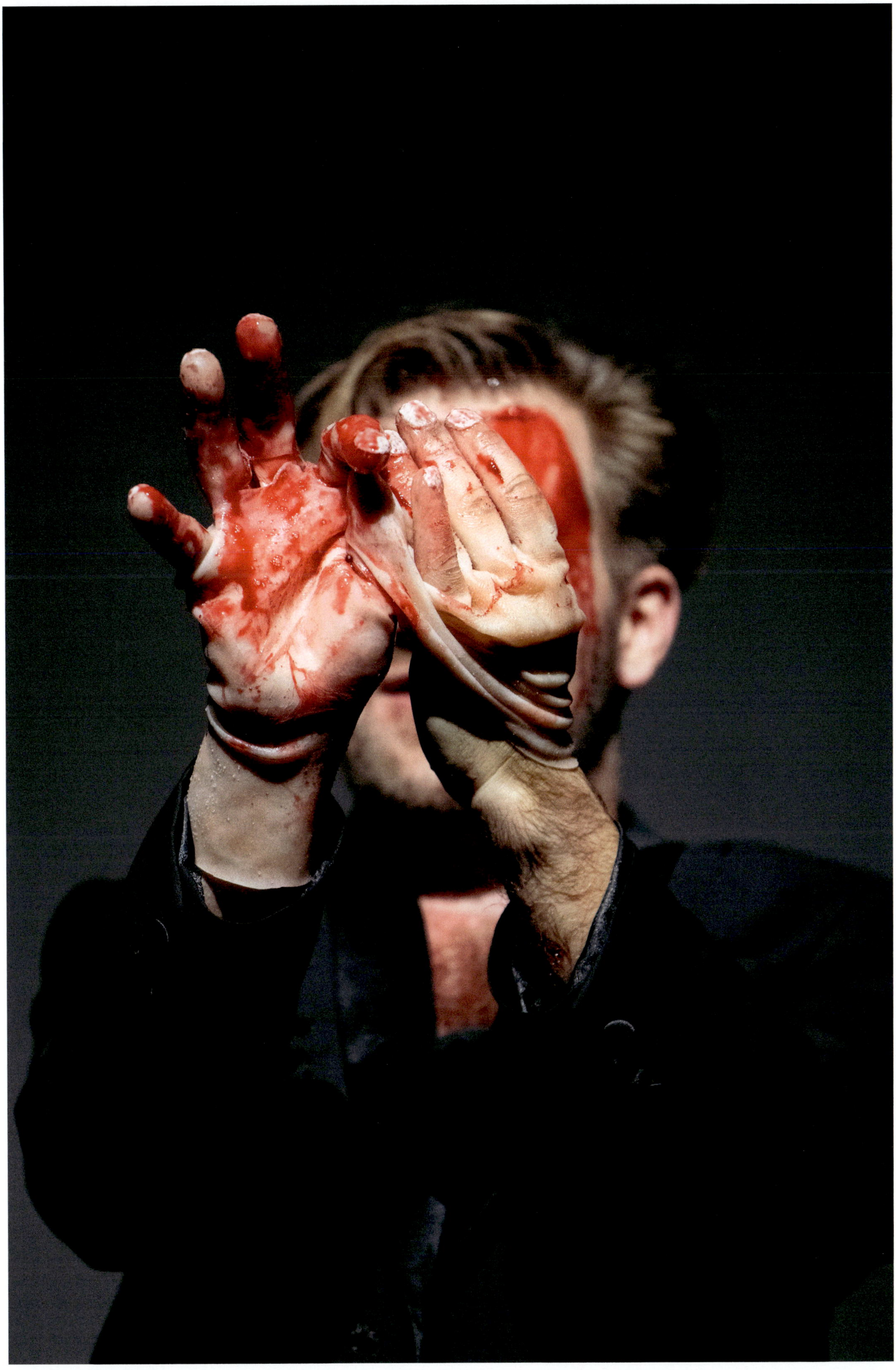

151 *Zweites Dreigroschenfinale*, Nico Holonics (Macheath).
152 Ensemble.
154 Beleuchtungsprobe / Großes Haus, 15. Januar 2021.
155 Nico Holonics.

151 *Second Threepenny Finale*, Nico Holonics (Macheath).
152 Cast.
154 Lighting rehearsal / Großes Haus, January 15, 2021.
155 Nico Holonics.

156 Einrichtung Hauptvorhang, Bühnenprobe / Großes Haus, 13. Januar 2021.
158 Ensemble, Kritik nach der ersten Bühnenprobe mit Kostüm / Großes Haus, 22. Januar 2021.
160 Frank Sellentin (Inspizienz), vor der ersten Generalprobe / Großes Haus, 28. Januar 2021.

156 Main curtain set-up, stage rehearsal / Großes Haus, January 13, 2021.
158 Cast, critique after the first on-stage rehearsal in costume / Großes Haus, January 22, 2021.
160 Frank Sellentin (Stage manager), befor the first dress rehearsal / Großes Haus, January 28, 2021.

162 *Moritat von Mackie Messer Reprise*, Josefin Platt (Der Mond über Soho), vor der ersten Hauptprobe / Großes Haus, 26. Januar 2021.

163 Josefin Platt, vor der ersten Hauptprobe / Großes Haus, 26. Januar 2021.

162 *The Ballad of Mack the Knife, Reprise*, Josefin Platt (Moon Over Soho), vor der ersten Hauptprobe / Großes Haus, January 26, 2021.

163 Josefin Platt, vor der ersten Hauptprobe / Großes Haus, January 26, 2021.

164 *Kampf um das Eigentum*, Laura Balzer (Lucy), Cynthia Micas (Polly).
165 Tilo Nest (Mr Peachum), vor der ersten Bühnenprobe mit Kostüm / Foyer, 10. August 2021.

164 *Struggle for the property*, Laura Balzer (Lucy), Cynthia Micas (Polly).
165 Tilo Nest (Mr Peachum), before first on-stage rehearsal in costume / Foyer, August 10, 2021.

166 *Peachum rüstet zum Aufbruch*, Tilo Nest.
166 *Peachum prepares for departure*, Tilo Nest.

Die Figur der Spelunken-Jenny hat zwei Lieder am Abend zu singen. Ich bin erst mal ganz stark über diese beiden Lieder gegangen. Was sagen die mir über Jenny? In der *Zuhälterballade* mit Mackie steckt schon sehr viel von ihrer gemeinsamen Biografie drin, sowohl an reinen Informationen, als auch an Stimmung. Ich konnte da viel draus ziehen. Da ist was romantisches, was nahes und natürlich — durch den Tango — was sehr verführerisches. Das ist natürlich irreführend, da der Text etwas brutales erzählt. In Text und Melodie ist ein Widerspruch verborgen, der für die Figur ganz hilfreich war.

Und dann gibt es noch den *Salomon-Song*, der viel über das Verhältnis von Jenny zur Welt sagt. Über die Tugenden, die einem was bringen oder eben nichts bringen. Da steckt viel Abgeklärtheit drin, Traurigkeit und die Fähigkeit zu relativieren. Die Melodie wirkt so schlicht im ersten Moment, aber hat auch was ganz leidenschaftliches. Das finde ich groß.

Ich hab mich gemeinsam mit der Dramaturgin und Nico Holonics mit Salomé Balthus getroffen, einer charismatischen, klugen und für mich sehr beeindruckenden Berliner Hetäre. Balthus hat interessante Thesen aufgestellt über Mackie, beispielsweise als ich sie gefragt habe, was sie denkt, warum ausgerechnet Jenny ihn zweimal verrät. Sie hat gesagt, dass Jenny wie in einem Gefängnis sitzt, denn man kann sich als Hure in der Gesellschaft nicht selber resozialisieren und beispielsweise Bankkauffrau werden. Einmal Hure, immer Hure. Dadurch ist sie in ihrem eigenen System gefangen und Mackie ist der, der kommt und geht wie es ihm passt. Er ist frei. Doch in dem Moment, wo sie ihn verrät, kommt er ins Gefängnis. Sie wiederum bekommt erstens Geld, aber zweitens eben auch Achtung von Seiten der Gesellschaft. Denn wenn sie einen Verbrecher verrät, stellt sie sich auf die Seite der Gesellschaft und rückt ihr damit wieder näher. Dieser Verrat entspringt also dem Bedürfnis, die Verhältnisse zwischen ihr und Mackie umzudrehen. Das fand ich interessant.

Es ist schon besonders, dieses Stück hier zu machen, wo es geboren wurde. Das macht es irgendwie noch emotionaler. Natürlich würde man überall versuchen, der Verantwortung gerecht zu werden, aber hier scheint sie noch größer zu sein. Ich habe das Gefühl, der „Heimvorteil" macht einen noch angreifbarer.

Dieses Orchester macht wahnsinnig Laune. Aber es ist natürlich auch eine ungewohnte Erfahrung für uns Schauspielerinnen und Schauspieler, dass der Rhythmus vorgegeben wird. Normalerweise kann man selbst bestimmen, wie schnell oder langsam man etwas spricht oder spielt. Aber wenn ich hier den Einsatz verpasse, dann fangen die nicht noch mal von vorne an oder warten auf mich. Das ist ja im reinen Schauspiel anders. Da gibt es nicht den definitiven Fehler. Bei der Musik hingegen gibt es diesen Fehler ganz klar. Sie ist gleichzeitig eine Herausforderung und eine Absicherung, denn sie hilft auch, Wege zu strukturieren. Das gilt vor allem für die Wege auf dem Gerüst, das ebenfalls in seiner Komplexität eine große Herausforderung ist. Da bedarf es einer großen Sicherheit und diese Sicherheit, die schafft die Musik.

There are two songs that the character of Jenny has to sing during the evening. I first went over these two songs very thoroughly. What do they tell me about Jenny? *The Pimp's Ballad* with Macheath already contains a great deal of their shared biography, in terms of pure information as well as mood. I could draw a lot from it. It has something romantic, something close, and—by way of the tango—something very seductive about it. This is of course misleading because the lyrics tell us a brutal story. The lyrics and the melody conceal a contradiction that was quite helpful in creating the character.

And then there is the *Solomon Song*, which says a lot about Jenny's relationship with the world. About the virtues that may or may not be to your advantage. It is full of serenity, sorrow, and the ability to put things into perspective. The melody seems quite plain at first, but it also has something very passionate about it. That is a great thing to me.

Together with the dramaturge and Nico Holonics, I met with Salomé Balthus, a charismatic, smart, and to me very impressive Berlin courtesan. Balthus had some interesting theories about Macheath, for example when I asked her why she thought Jenny, of all people, betrayed him twice. She explained that Jenny is like a prisoner because as a whore one cannot reintegrate oneself into society and become a bank manager, for example. Once a whore, always a whore. So she is trapped in her own system while Mackie is the one who comes and goes as he pleases. He is free. But the moment she betrays him, it is he who goes to prison. She, on the other hand, receives a financial reward but also respect from society. Because by betraying a criminal, she puts herself on the side of society and thus moves closer to its fold again. Thus this betrayal arises from the need to reverse the relationship between her and Macheath. I found that very interesting.

It's quite special to produce this play here, where it was born. In many ways, it becomes more emotional. Of course, you would try to live up to the responsibility anywhere, but here the responsibility seems even greater. It seems to me that the "home turf advantage" makes you all the more vulnerable.

This orchestra is tremendously fun. But of course, it is also an unusual experience for us actors to have the rhythm set for us. Normally, you can decide for yourself how fast or slow you speak or play something. But here they don't start all over again or wait for me if I miss the cue. In straight acting, that's different. There is no definite mistake. With music, on the other hand, this mistake clearly exists. It is both a challenge and a safeguard because it also helps to structure routines. This is especially true for routines on the scaffolding, which is also a great challenge in its complexity. It requires great assurance, and this assurance is provided by the music.

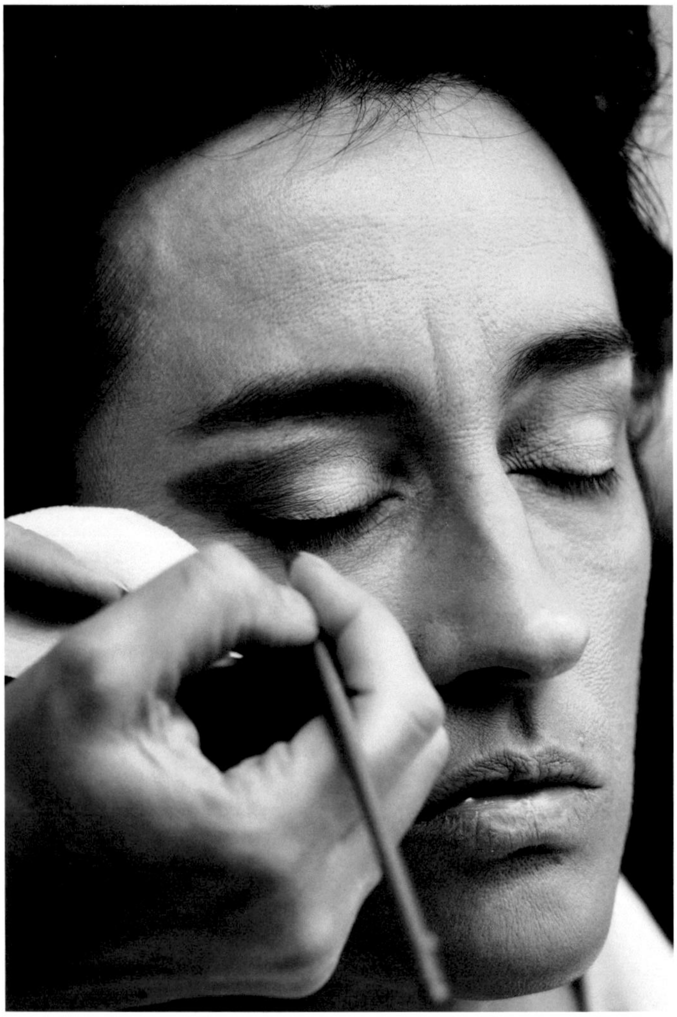

169 Bettina Hoppe (Spelunken-Jenny).
170 *Auftritt der Huren*, Ensemble.
172 Constanze Becker (Mrs Peachum), vor der ersten Bühnenprobe mit Kostüm / Maske, 22. Januar 2021.
173 Josefin Platt (Mond über Soho), Nico Holonics (Macheath), vor der ersten Hauptprobe / Maske, 26. Januar 2021.

169 Bettina Hoppe (Ginny-Jenny).
170 *Entry of whores*, Cast.
172 Constanze Becker (Mrs Peachum), before the first on-stage rehearsal in costume / Make-up, January 22, 2021.
173 Josefin Platt (Moon Over Soho), Nico Holonics (Macheath), before the first on-stage rehearsal in costume / Make-up, January 26, 2021.

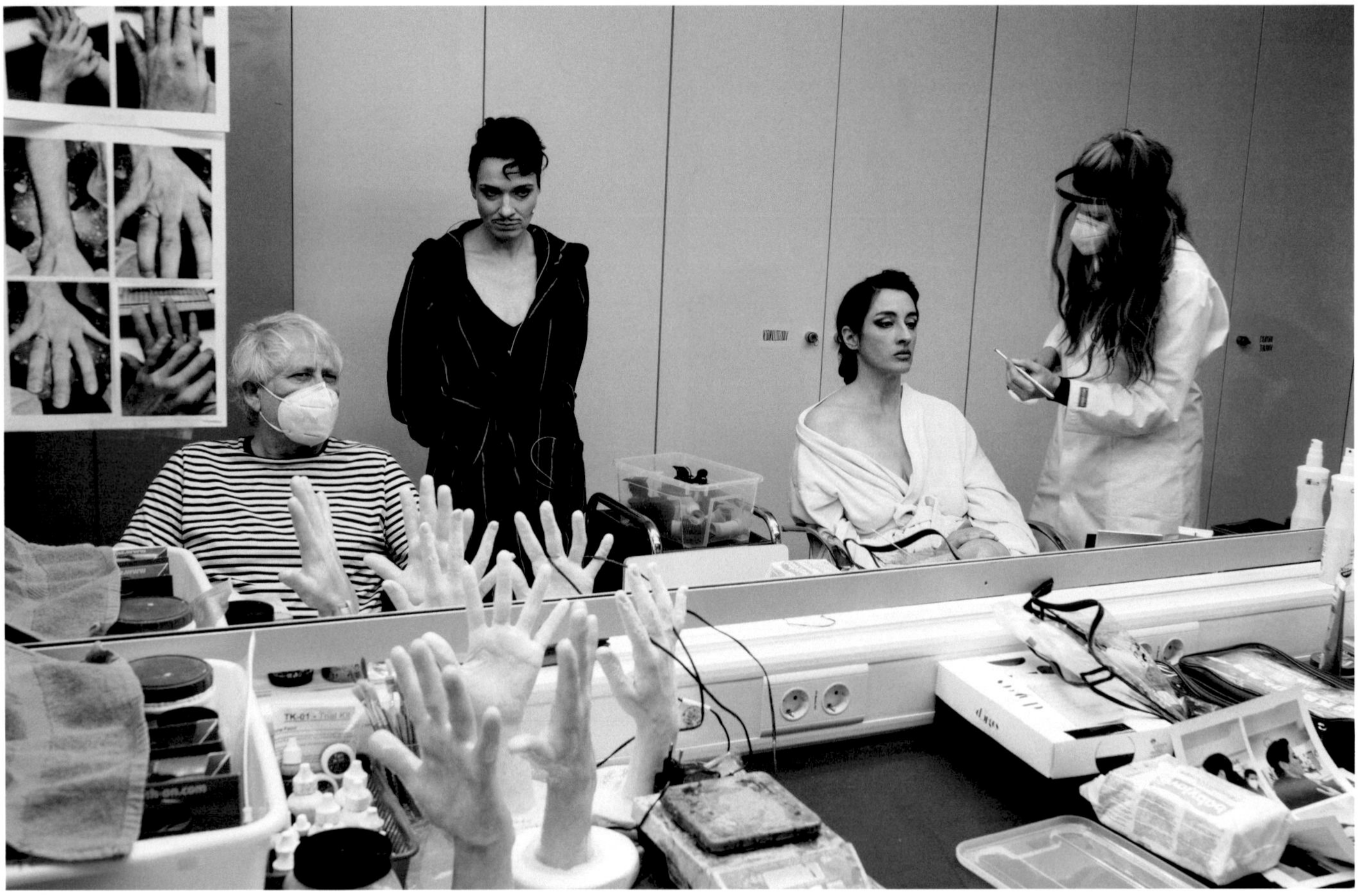

174 Tilo Nest (Mr Peachum), Kathrin Wehlisch (Tiger Brown), Constanze Becker (Mrs Peachum), Nana Gagel (Maske), vor der ersten Bühnenprobe mit Kostüm / Maske, 22. Januar 2021.
175 *Ballade von der sexuellen Hörigkeit Reprise*, Constanze Becker.

174 Tilo Nest (Mr Peachum), Kathrin Wehlisch (Tiger Brown), Constanze Becker (Mrs Peachum), Nana Gagel (Make-up), before the first on-stage rehearsal in costume / Make-up, January 22, 2021.
175 *Ballad of Sexual Dependency Reprise*, Constanze Becker.

176 *Erpressung*, Tilo Nest (Mr Peachum), Nicky Wuchinger (Polizist).
177 Constanze Becker (Mrs Peachum), erste Bühnenprobe mit Kostüm / Seitenbühne, 22. Januar 2021.

176 *Blackmail*, Tilo Nest (Mr Peachum), Nicky Wuchinger (Policeman).
177 Constanze Becker (Mrs Peachum), first on-stage rehearsal in costume / Wings, January 22, 2021.

178 *Erpressung*, Kathrin Wehlisch (Tiger Brown), Tilo Nest (Mr Peachum).
180—181 *Lied von der Unzulänglichkeit menschlichen Strebens*, Tilo Nest, szenische Probe / Probebühne, 8. Januar 2021.
182—184 Tilo Nest.

178 *Blackmail*, Kathrin Wehlisch (Tiger Brown), Tilo Nest (Mr Peachum).
180—181 *Song of the Insufficiency of Human Struggling*, Tilo Nest, scene rehearsal / rehearsal stage, January 8, 2021.
182—184 Tilo Nest.

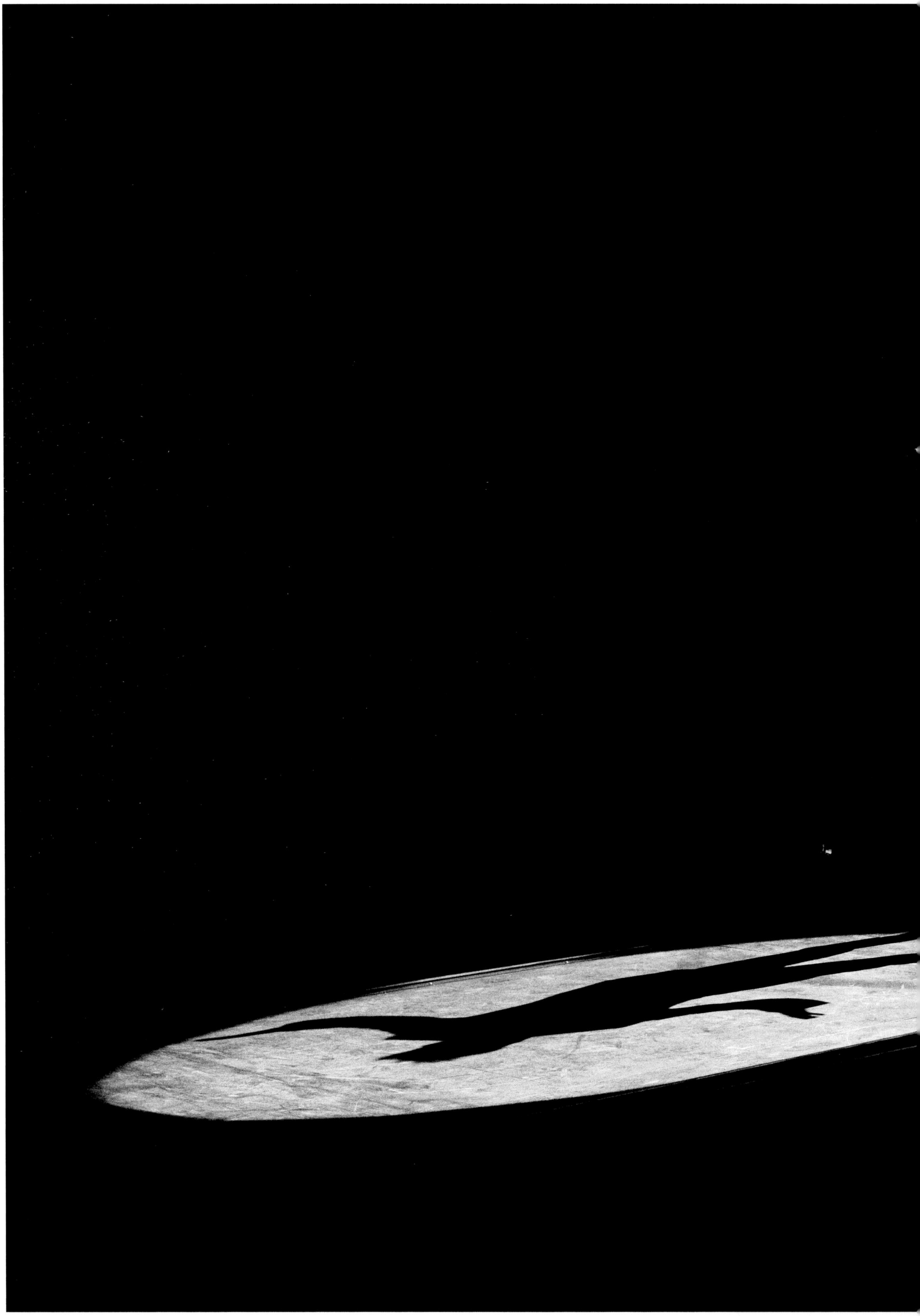

Das ist gerade eine Arbeits- und Lebenssituation, die ich mir in meinen kühnsten Träumen nicht hätte vorstellen können. Eine Generalprobe unter Ausschluss der Öffentlichkeit — das kommt vor, ist normal, aber eine Premiere!!! Man ist gewohnt, sich während der Proben in einem Aggregatzustand zu befinden, der zwingend notwendig ist. Es braucht gerade viel Disziplin, diesen Zustand herzustellen.

Die erste Berührung mit der *Dreigroschenoper* hatte ich vor vielen Jahren, als ich im Akademietheater bei Adolf Dresen als Polly vorgeschlagen wurde. Meine Stimme, die damals schon eine eher tiefe war, entsprach nicht den Vorstellungen der Brecht-Erben. Und transponieren war verboten. Später dann habe ich die Jenny am Burgtheater in der Inszenierung von Paulus Manker gesungen. Fritz Schediwy war der Mackie Messer. Wieder Jahre später war ich Mrs Peachum in der Inszenierung von Dominique Horwitz bei den Festspielen in Bad Hersfeld mit Axel Prahl als Macheath. Und jetzt spiele ich hier am BE den „Mond über Soho". Eine herrliche Idee von Barrie Kosky, einen Mond auftreten zu lassen, der alles gesehen und alles gehört hat, und der alles weiß. Er singt die *Moritat*, er singt über das scheinbar bürgerliche, aber auch das scheinbar verwegene und abenteuerliche Leben des Mackie Messer. Aber er singt und erzählt eben auch, wenn Macheath bei seinen Raubzügen das große Feuer in Soho entfacht, in dem unschuldige Kinder und ein Greis umkommen, und wie er die minderjährige Witwe schändet. Er beleuchtet die Doppelmoral und singt zum Schluss „Und die einen sind im Dunkeln / Und die andern sind im Licht / Doch man sieht nur die im Lichte / Die im Dunkeln sieht man nicht". Damit endet das Stück.

Wenn man es oft genug ausspricht, erwachen in diesem Haus, in dem das Stück uraufgeführt wurde, die Geister.

[Wie aufs Stichwort öffnet sich die Tür zum Helene-Weigel-Zimmer, in dem das Gespräch stattfindet. Barrie Kosky und Intendant Oliver Reese treten ein, ins Gespräch vertieft.]

Kosky Ah, hello.
Reese Sorry.
Kosky Hier wird gesprochen.
Reese Eine Verschwörung, alles klar!
[Die beiden verschwinden durch eine weitere Tür. Josefin Platt lacht.]

Soviel zum Thema Geister. Um diese legendäre Uraufführung ranken sich so unendlich viele Geschichten. Was bleibt, ist ein herrliches Theaterstück und eine unvergängliche, großartige Musik. Man ist berührt, verführt, man denkt nach, und das zu spielen und zu singen, ist einfach ein Geschenk.

Right now, it's a work and life situation that I could never have imagined in my wildest dreams. A dress rehearsal without an audience—it happens, it's normal, but this is a premiere!!! During rehearsals, one is used to being in a certain mental and physical state that is absolutely imperative. At the moment, it takes a lot of discipline to enter this state.

My first contact with *The Threepenny Opera* was many years ago when I was proposed to Adolf Dresen as Polly at the Akademietheater. My voice, which was already quite deep at that time, did not correspond to the ideas of the Brecht heirs. And transposition was forbidden. Later I sang Jenny in Paulus Manker's production at the Burgtheater. Fritz Schediwy was Mack the Knife. A few years later I was Mrs Peachum in Dominique Horwitz's production at the Bad Hersfeld Festival with Axel Prahl as Macheath. And now I'm playing the "Moon over Soho" here at the BE. It is a marvelous idea by Barrie Kosky to introduce a moon as a character who has seen everything and heard everything, and who knows it all. She sings the Ballad of *Mack the Knife*, she sings about the ostensibly bourgeois, but also the ostensibly audacious and adventurous life of Mackie Messer. But she also sings of the great fire in Soho which Macheath starts on one of his raids and which kills innocent children and an old man, and of the rape of the underage widow. He exposes the double standard and concludes by singing "There are some who are in the dark and others are light. And you see the ones in brightness, those in darkness drop from sight". Thus ends the play.

If you say it often enough, you wake up the ghosts in this theatre, where the play was first performed.

[As if on cue, the door opens to the Helene Weigel room, where the interview is taking place. Barrie Kosky and director Oliver Reese enter, deep in conversation.]

Kosky Ah, hello.
Reese Sorry.
Kosky They are talking in here.
Reese A conspiracy, I get it!
[The two disappear through another door. Josefin Platt laughs.]

So much for the ghosts. There are so many stories surrounding this legendary premiere. What remains is a magnificent play and an imperishable, sublime score. One is touched, seduced, made to think, and to be able to perform it is truly a gift.

187 *Salomon-Song*, Bettina Hoppe (Spelunken-Jenny), szenische Probe / Probebühne, 23. Dezember 2020.
188 Bettina Hoppe.
190 *Ruf aus der Gruft*, Nico Holonics (Macheath).
191 *Salomon-Song*, Bettina Hoppe, erste Bühnenprobe mit Kostüm / Großes Haus, 22. Januar 2021.

187 *Solomon Song*, Bettina Hoppe (Ginny-Jenny), scene rehearsal / rehearsal stage, December 23, 2020.
188 Bettina Hoppe.
190 *Call from the Grave*, Nico Holonics (Macheath).
191 *Solomon Song*, Bettina Hoppe, first on-stage rehearsal in costume / Großes Haus, January 22, 2021.

192 *Ruf aus der Gruft*, Cynthia Micas (Polly).
193 Friederike Reichel, Nico Holonics (Macheath), Kathrin Wehlisch (Tiger Brown), vor der ersten Generalprobe / Maske, 28. Januar 2021.
194 *Letzte Mahlzeit*, Kathrin Wehlisch, Barrie Kosky, Nico Holonics, szenische Probe / Großes Haus, 15. Januar 2021.
195/196 Macheath, Tiger Brown.

192 *Call from the Grave*, Cynthia Micas (Polly).
193 Friederike Reichel, Nico Holonics (Macheath), Kathrin Wehlisch (Tiger Brown), before the first dress rehearsal / Make-up, January 28, 2021.
194 *Last meal*, Kathrin Wehlisch, Barrie Kosky, Nico Holonics, scene rehearsal / Großes Haus, January 15, 2021.
195/196 Macheath, Tiger Brown.

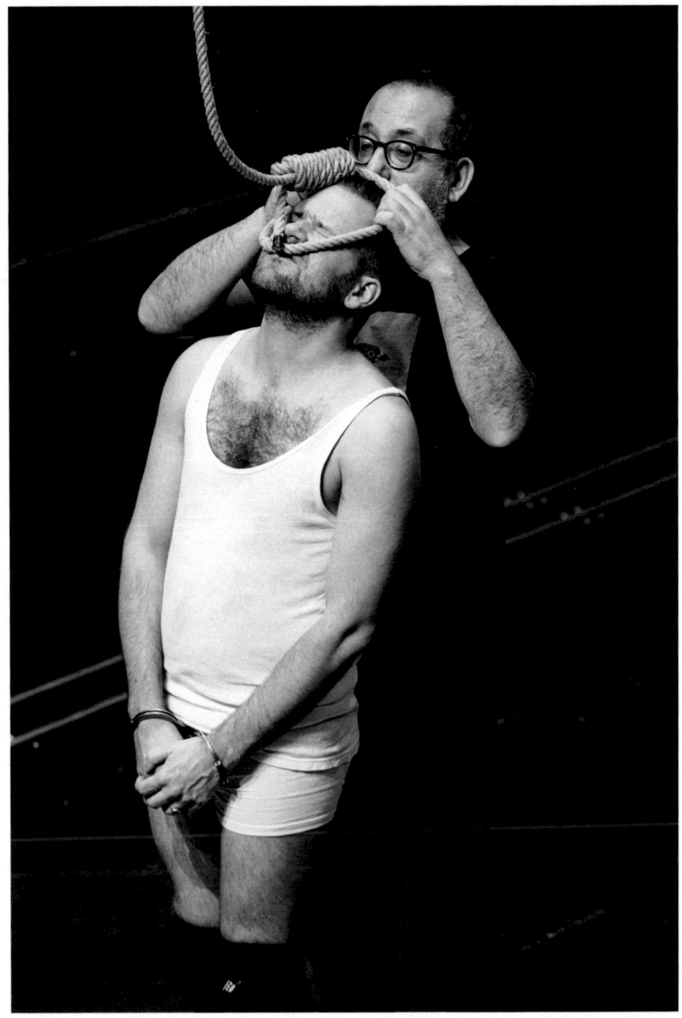

197 Levi Hammer, Barrie Kosky, Nico Holonics (Macheath), szenische Probe / Großes Haus, 15. Januar 2021.
198 *Grabschrift*, Nico Holonics.
199 Nico Holonics, Barrie Kosky, szenische Probe / Großes Haus, 15. Januar 2021.

197 Levi Hammer, Barrie Kosky, Nico Holonics (Macheath), scene rehearsal / Großes Haus, January 15, 2021.
198 *Grave Inscription*, Nico Holonics.
199 Nico Holonics, Barrie Kosky, scene rehearsal / Großes Haus, January 15, 2021.

200 Nico Holonics (Macheath), Flugprobe / Großes Haus, 8. Januar 2021.
201 Gesangsprobe / Probebühne, 6. November 2020.
202 Barrie Kosky, Kritik nach der ersten Generalprobe / Großes Haus, 28. Januar 2021.

200 Nico Holonics (Macheath), aerial rehearsal / Großes Haus, January 8, 2021.
201 Singing rehearsal stage / rehearsal stage, November 6, 2020.
202 Barrie Kosky, critique after the first dress rehearsal / Großes Haus, January 28, 2021.

Die Suche danach, was die *Dreigroschenoper* eigentlich ist, ist so alt wie die *Dreigroschenoper* selbst. Ist sie ein Schauspiel mit Musik oder ein musiktheatralisches Werk mit Text? Weill nannte sie einmal eine Farce mit Musik, Brecht sprach vom „Urtypus der Oper", Jahre später bezeichnete er sie als „episches Theater", für Elias Canetti war sie eine Operette. Ich finde, Ernst Aufricht, der Produzent der Uraufführung, hat eine ganz gute Formulierung geprägt: Er nannte sie eine lustige literarische Operette mit sozialkritischen Blinklichtern.

In Barrie Koskys Lesart wird es vielleicht eine Art Großstadtballade über Menschen, die in einer sehr funktionalen, nüchternen Welt auf der Suche sind nach — naja, nach einem glücklichen Leben, ganz einfach gesagt. Und das würde zunächst damit anfangen, dass man nicht ständig fürchten muss, materiell unterzugehen, sozial abzurutschen, übervorteilt zu werden und so weiter. Aber genau das ist in dieser Welt, die Brecht hier meint, nicht der Fall. Im Gegenteil. Die Angst vor dem Absturz lauert im System, das nach den Regeln des freien Wettbewerbs funktioniert: entweder man verliert oder gewinnt, und wer im Wohlstand lebt, lebt zwar angenehm, ist aber noch lange nicht gut. Ein Zerrspiegel des totalen Kapitalismus. Wie der funktioniert, wird in der *Dreigroschenoper* nicht verhandelt. Aber wir sehen Figuren, die — egal wieviel sie besitzen oder was für ein Einkommen sie haben — zuallererst auf ihren eigenen Vorteil bedacht sind und einen erheblichen theatralen Aufwand betreiben, um jeweils genau das zu verbergen, zu beschönigen und gleichzeitig durchzusetzen. Mit ein paar wenigen Ausnahmen spielen sie sich gegenseitig meist etwas vor — und sich selbst auch. Sie spielen mit verschiedenen kulturellen und theatralen Klischees, mit Ideen von der romantischen Zweierbeziehung, der ewigen Freundschaft, von Güte und Mitleid, und sie benutzen dazu Versatzstücke aus dem Melodram, aus moralischen Rührstücken, aus Groschenromanen, aus dem Singspiel, der Oper, der Operette und vielem mehr. Die Autoren haben sich damit einerseits einen großen theatralen Spaß erlaubt und gleichzeitig erzeugt dieser ganze falsche Schein — den es offenbar aufrechtzuerhalten gilt — produziert dieses ganze falsche Theater viel Einsamkeit, in manchen Fällen vielleicht so etwas wie „splendid isolation", in anderen führt der Weg eher ins Dunkel, in all die Bereiche, die ausgeschlossen werden. Das heißt nicht, dass diese Figuren alle kalt sind. Die Hitze entsteht im Spiel, das es notgedrungen zu spielen gilt. Und das Verlangen nach Nähe und Verbindlichkeit bleibt vor allem dadurch präsent, dass es sich nicht erfüllt — und durch die Musik.

Die *Dreigroschenoper* habe ich als Kind über die Musik kennengelernt. Mein Vater war Trompeter und jazzbegeistert, wahrscheinlich habe ich die *Moritat* irgendwann nebenbei in irgendeiner Coverversion gehört, ich glaube, es war die von Louis Armstrong. Als ich die *Dreigroschenoper* dann zum ersten Mal gesehen habe, war ich irritiert. Die Lieder zu hören, das war eine Sache, sie auf der Bühne im Gesamtkontext präsentiert zu sehen, eine ganz andere. Ich wusste nicht, was das war und was das sollte — und da sind wir wieder bei der ersten Frage. Pure Unterhaltung war es nicht. Aber irgendwie doch. Komik spielt ja durchaus auch eine Rolle bei Brecht. Er war ein großer Bewunderer von Charlie Chaplin. Und die Musik vermochte mich nach wie vor anzusprechen, mitzureißen, und gleichzeitig war etwas in Schieflage geraten. Dem auf die Spur zu kommen, ist spannend. Zum Beispiel das Liebeslied zwischen Polly und Mack — das ist eine wunderschöne Melodie aber eben auch großer Kitsch. Ist das jetzt ernst zu nehmen oder nicht? Und genau dieser ernsthafte Unernst oder andersherum, diese verspielte Ernsthaftigkeit ist das, was die *Dreigroschenoper* ausmacht. Sie ist durchtränkt von gleichzeitigen, inneren Widersprüchen. Wie inszeniert man das? Und wie spielt man es?

In meiner späteren Arbeit als Dramaturgin hat mich dann natürlich die Frage beschäftigt, die auch damals sofort nach der Uraufführung im Raum stand: Wie passt diese Musik zusammen mit der Absicht Brechts, uns immer wieder verführen zu lassen durch bestimmte künstlerische Formen und uns gleichzeitig deutlich zu machen, dass und auf welche Weise wir uns gerade haben verführen lassen, die Realität nicht zu sehen. Wie geht das? Die *Dreigroschenoper* hat damals ganz schnell Einzug gehalten in die Unterhaltungsindustrie, wurde also vereinnahmt von dem, wogegen sie sich unter anderem auch gewendet hat: dass wir in einer Welt leben, in welcher alles — auch Widerständiges — sofort zu einer Ware wird und seine substanzielle Bedeutung verliert.

Viele verbinden mit Brecht immer noch mehr den Didaktiker als den Spieler, der er eben auch war. Vielleicht sogar in erster Linie. Das hängt mit all den nachträglichen theoretischen Überlegungen, Einordnungen und Gedanken zusammen, die er später formuliert und aufgeschrieben hat. Die *Dreigroschenoper* unter dem Gesichtspunkt des Brechtschen Theoriebaukastens zu betrachten, heißt aber, den Weg verpassen, auf dem das alles entstanden ist. Und der war chaotischer als man vielleicht gemeinhin denkt. Brecht war ein Theaterpraktiker und hat mit allem gespielt, was ihm begegnet ist. Die *Dreigroschenoper* ist nur eine, allerdings eine sehr populär gewordene Station auf Brechts Suche nach dem, was er vom Theater will. Wie zum Beispiel macht man Theater, das sowohl unterhält als auch begreiflich macht, in welchen Verblendungszusammenhängen wir stecken. Die Lust am Spiel, mit der er gearbeitet hat, steht vielleicht im Widerspruch zu seinem Wunsch nach dem „rauchenden Zuschauer", der sich nicht mit- und hinreißen lässt, nicht romantisch auf die Dinge schaut, sich nicht einfühlt, sondern alles mit einer gewissen Distanz betrachtet, das Gesehene befragt und nach den Mechanismen sucht, die die Konflikte verursachen.

The search for the true nature of *The Threepenny Opera* is as old as *The Threepenny Opera* itself. Is it theatre with a musical score or musical theatre with text? Weill once called it a farce with music, Brecht spoke of the "archetype of opera," years later he called it "epic theater," for Elias Canetti and others it was an operetta ... I think Ernst Aufricht, the producer of the premiere and director of this theater at the time, coined a very good phrase: he called it a comic literary operetta with flashes of social criticism.

In Barrie Kosky's reading, it may turn out to be a kind of an urban ballad about people who live in a very functional, sober world and are searching for—well, for a happy life, to put it in simple terms. To begin with, this would mean not having to constantly fear economic ruin, social decline, being taken advantage of, and so on. In the world that Brecht is talking about, however, that is not the case. On the contrary. The fear of going under lurks in the system that functions according to the rules of free enterprise: you either lose or you win, and those who live in prosperity may live comfortably, but they are far from being virtuous. A caricature of total capitalism. Its inner workings are not discussed in *The Threepenny Opera*. But we see characters who —no matter how much they own or what kind of income they have—are first and foremost concerned with their own advantage and who make a considerable theatrical effort to conceal or gloss over this very fact and enforce it at the same time. With a few exceptions, they mostly fool eacher other—and themselves. They play with a variety of cultural and theatrical clichés, with ideas of the romantic twosomeness, of eternal friendship, of kindness and compassion, using set pieces from melodrama, morality plays, penny dreadfuls, musical comedy, opera, operetta, and much more. On the one hand, the authors have a lot of theatrical fun with this, and at the same time, all this whole false pretense—which seems to be of crucial importance—all this phoney theatre produces a lot of loneliness, in some cases even something akin to "splendid isolation", in others a path that leads more towards darkness, towards all those areas that are being excluded. This is not to say that these characters are all cold. The heat is generated by the inescapable performative act. And the yearning for closeness and commitment remains present above all through the fact that it is not fulfilled—and through the music.

As a child, I got to know *The Threepenny Opera* through its music, but I can't remember when I heard it for the first time. My father was a trumpet player and jazz enthusiast, so at some point, I probably heard a cover version of Mack the Knife at some point, I think it was by Louis Armstrong. When I saw *The Threepenny Opera* on stage for the first time, I was confused. To listen to the songs was one thing, to see them presented on stage in the overall context quite another. I didn't know what it was and what it was supposed to be—and here we are back to the question at the beginning. It wasn't pure entertainment. But somehow it was. Comedy does play a role in Brecht's work. He was a great admirer of Charlie Chaplin. And the music was still able to touch me, to carry me along, and at the same time, something had gone out of balance. It's exciting to get to the bottom of this. Just take the love song between Polly and Mack, for example—it's a beautiful melody, but it's also very corny. Should we take it seriously or not? And it is precisely this serious unseriousness or, conversely, this playful seriousness that makes *The Threepenny Opera* what it is. It is saturated with simultaneous inherent contradictions. How do you direct it? And how do you play it?

In my later work as a dramaturge, I was naturally preoccupied with the question that had been in the room ever since the very first premiere: How can this music be reconciled with Brecht's intention of continually seducing us through specific artistic forms while at the same time revealing the means by which we have just allowed ourselves to be seduced into not seeing reality. How does that work? At the time, *The Threepenny Opera* very quickly found its place in the entertainment industry and was thus appropriated by one of the things it had opposed: the fact that we live in a world in which everything—even resistance—immediately becomes a commodity and thus forfeits its substantial meaning.

For many, Brecht is still more of an educator than the player he was as well. Perhaps even primarily. This has to do with all his subsequent theoretical considerations, classifications, and concepts. But viewing *The Threepenny Opera* from the point of view of Brecht's theoretical toolkit would mean missing the way in which it all came about. It was far more chaotic than one might think. Brecht was a theatre practitioner who played with everything he came across. *The Threepenny Opera* is only one, albeit a very popular, milestone in Brecht's search for what he wanted from theatre. How, for example, do you make theatre that both entertains and makes us understand the delusional relations in which we are stuck. The pleasure in playing that he brought to his work may well be at odds with his desire for the "smoking spectator" who does not get carried away, who does not romanticise what they see, who does not empathise, but who looks at everything with a certain distance, questions what they see and searches for the mechanisms that are causing the conflicts.

205 Sibylle Baschung, Barrie Kosky, Adam Benzwi, Levi Hammer / Probebühne, 8. Januar 2021.
206 Ensemble, Leseprobe / Probebühne, 11. Dezember 2020.
207 Barrie Kosky, Casting / Komische Oper Berlin, 21. November 2020.

205 Sibylle Baschung, Barrie Kosky, Adam Benzwi, Levi Hammer / rehearsal stage, January 8, 2021.
206 Cast, readthrough / rehearsal stage, December 11, 2020.
207 Barrie Kosky, casting / Komische Oper Berlin, November 21, 2020.

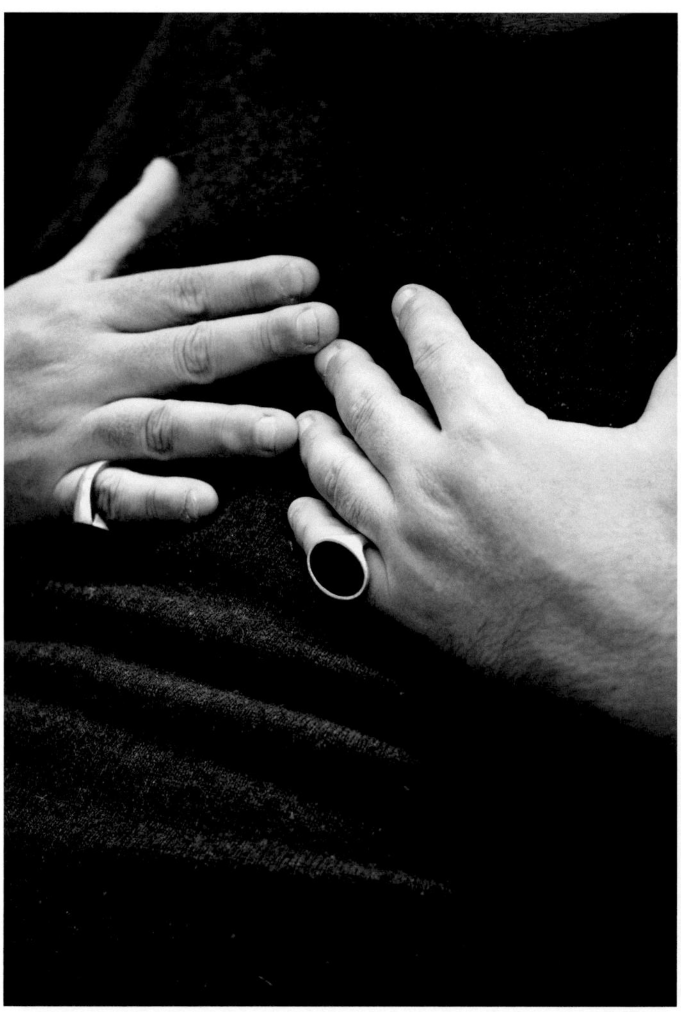

208 *Gang zum Galgen*, Nico Holonics (Macheath), Tilo Nest (Mr Peachum).
210 Kathrin Wehlisch (Tiger Brown), Adam Benzwi, Gesangsprobe / Probebühne, 6. November 2020.
211 *Drittes Dreigroschenfinale*, Ensemble, Bühnenprobe / Großes Haus, 25. Januar 2021.

208 *Walk to Gallows*, Nico Holonics (Macheath), Tilo Nest (Mr Peachum).
210 Kathrin Wehlisch (Tiger Brown), Adam Benzwi, singing rehearsal / rehearsal stage, November 6, 2020.
211 *Third Threepenny Finale*, Cast, stage rehearsal / Großes Haus, January 25, 2021.

210

212 Ensemble, Soundcheck vor der ersten Generalprobe / Großes Haus, 28. Januar 2021.
214 *Drittes Dreigroschenfinale*, Cynthia Micas (Polly), Barrie Kosky, Gesangsprobe / Probebühne, 11. Dezember 2021.

212 Cast, Soundcheck before the first dress rehearsal / Großes Haus, January 28, 2021.
214 *Third Threepenny Finale*, Cynthia Micas (Polly) and Barrie Kosky, singing rehearsal / rehearsal stage, December 11, 2021.

216 *Drittes Dreigroschenfinale*, Ensemble.
218 Kathrin Wehlisch (Tiger Brown).
219 Barrie Kosky, Adam Benzwi, Kathrin Wehlisch, Bühnenprobe / Großes Haus, 15. Januar 2021.
220 Barrie Kosky, Kathrin Wehlisch, 15. Januar 2021.

216 *Third Threepenny Finale*, Cast.
218 Kathrin Wehlisch (Tiger Brown).
219 Barrie Kosky, Adam Benzwi, Kathrin Wehlisch, on-stage rehearsal / Großes Haus, January 15, 2021.
220 Barrie Kosky, Kathrin Wehlisch, January 15, 2021.

Für mich bedeutet die Arbeit an der *Dreigroschenoper* Hoffnung. Ich bin sooo froh, dass wir jetzt genau sowas machen können. Wir alle brauchen jetzt ein wenig Leichtigkeit in dieser Zeit. Diese Musik ist einfach großartig und sie lässt mich nicht mehr los. Jeder Song ist ein Hit. Je mehr ich diese Musik höre, desto schwerer kriege ich sie aus dem Kopf, desto schöner wird sie, desto mehr Details höre ich.

Die *Dreigroschenoper* hat es schon oft auf der Bühne gegeben. Jeder hat tausende Bilder dazu im Kopf. Mir gefällt, dass Barrie sie von dem alten Kleber befreit, dem Kleber der 1920er Jahre. Es ist toll, mit ihm und Adam zu arbeiten. Adam ist ein sehr feiner Mensch, der auch dann nicht die Contenance verliert, wenn du auch beim fünften Mal musikalisch den Einsatz verpasst. Dann sagt er: „Ja, fast! Wir gehen nochmal zurück." — Herrlich! Unglaublich, wie zugewandt er ist, niemals negativ. Und Barrie steckt uns alle so an, bläst Energie in alles rein, macht allen Mut. Er ist immer positiv, hat nicht diese deutsche Schwere. So kann man auch arbeiten ...

Tiger Brown ist der Polizeichef von London. Ich muss mich entscheiden, was dieser Tiger Brown ist, wenn ich ihn spiele. Bin ich eine Frau, die einen Mann spielt, oder bin ich eine Frau im Männerkostüm? Hm. Ich hab mich schon entschieden, aber ich verrate nichts. Seine Seele jedenfalls vereint beides für mich. Mann und Frau. Barrie gefällt es, wenn die Figur unterspielt wird — dass Tiger Brown nie laut wird, dass er etwas Gefährliches hat, aber auch eine gewisse Komik. Überhaupt müssen wir viel lachen. Das tut so gut. Zum jetzigen Zeitpunkt fühlt sich meine Figur wie eine Mischung aus Charlie Chaplin, Tarantino und Lubitsch an. Es gibt kleine Slapstick-Einlagen, aber auch stille, gefährliche und traurig-zerbrechliche Momente.

Zum Beispiel wenn Mackie und ich die Fäuste gegeneinander schlagen und mir dann aber die Hand kurz weh tut, bevor ich den harten Kerl weiterspiele. Ich liebe solche Widersprüche in Figuren. Welcher Mensch ist nur eins? Gut oder Böse. Das interessiert mich nicht, und es wäre mir auch zu einfach. Für mich ist Tiger Brown zum einen ein korruptes Arschloch. Einer, der für Geld einen Verbrecher deckt. Der aber auf der anderen Seite, also neben dem Geschäft, auch echte Gefühle für Mackie hat. Das ist sein großes Dilemma. Tiger Brown in der Funktion des Polizeichefs, und Tiger Brown als Privatperson, der Gefühle für einen Verbrecher hat, den er jagen soll. Schizophren, was? Die beiden waren zusammen im Krieg, und ich stelle mir vor, wie sehr sie das zusammengeschweißt hat — das ist so viel größer als eine Polly-Liebe. Mackie wechselt permanent die Frauen, aber was die beiden Männer haben, das bleibt. In Brechts Szenen gibt es immer eiskalte Wechsel von zum Beispiel „Ich liebe dich" und „Reden wir vom Geschäft". Brecht ist ein Fuchs, wie er diese Dinge gegeneinander setzt. Anfangs dachte ich auch, das kann man doch nicht spielen. Liebe und Geschäft, fast in einem Atemzug? Doch! So komplex sind wir Menschen. Das ist nicht leicht zu spielen, aber ich bin voll Freude, wenn es funktioniert.

Tiger Brown ist ein einsamer Cowboy — er streift durch dieses Stück und ist eigentlich immer allein. Diese Sehnsucht nach Mackie als Mann oder gar Geliebten, würde er nie aussprechen. Er bleibt mit seinen Gefühlen bei sich und ich weiß auch gar nicht, ob er sich selbst eingestehen könnte, wie tief er fühlt. Er ist zerrieben zwischen seinem Posten und dieser unmöglichen Freundschaft oder Liebe. Früher wurde die Rolle meist von älteren Herren gespielt — entweder chargig oder mit einer gewissen Distanz. Da war Tiger Brown der Boss und ein korrupter Polizist. Zu einfach, wie ich finde. Wir gehen einen anderen Weg, der sehr spannend ist, und von dem ich hoffe, dass er aufgeht: Dass man zwischendurch auch mal das Herz aufmacht.

For me, our work on *The Threepenny Opera* signifies hope. I am sooooo glad that we are able to do just such a thing now. At a time like this, we all need a little levity. The music is just great and I can't get it out of my head. Every song is a hit. The more I hear this music, the more beautiful it becomes, the more details I hear.

The Threepenny Opera has been performed on stage many times. Everyone has a thousand images of it in their head. I like the way Barrie strips it of the old glue, the 1920s glue. It's great to work with him and Adam. Adam is a gentleman who doesn't lose his composure even when you miss your musical cue for the firth time. He just says, "Yeah, almost! Let's go back again." — Delightful! It's just unbelievable how approachable he is, never negative. And Barrie is so engaging with all of us, infusing everything with energy, encouraging everyone. He's always positive, he has none of that German seriousness. It is possible to work like that after all ...

Tiger Brown is chief of police in London. When I am playing him, I have to decide who this Tiger Brown really is. Am I a woman playing a man, or am I a woman in a man's costume? Hm. I have already made up my mind, but I won't tell. In any case, to me, his soul combines both. Man and woman. Barrie likes it when the character is understated — that Tiger Brown never raises his voice, that there is something of a menace about him — but also a certain comedy. We generally have to laugh a lot. That is very good for us. At the moment, my role feels like a blend of Charlie Chaplin, Tarantino, and Lubitsch. There are little slapstick numbers, but also quiet, dangerous, and sombre melancholy moments.

Like when Mack and I punch each other's fists, and for a moment my hand hurts before I continue playing the tough guy. I love such contradictions within characters. Is there anyone who is only one thing? Good or evil. I'm not interested in that, it would be far too easy. To me, Tiger Brown is a corrupt asshole, on the one hand. Someone who covers up for a criminal for money. But who, business notwithstanding, has real feelings for Mackie. That's his big dilemma. Tiger Brown in his capacity as chief of police, and Tiger Brown as a private citizen who has feelings for a criminal he's supposed to be chasing. Schizophrenic or what? These two fought in the war together, and I imagine how much that would have bonded them together — it's so much bigger than a Polly love. Mack changes women constantly, but what the two men have, is permanent. In Brecht's scenes, there are many abrupt switches between, for example, "I love you" and "Let's talk business". Brecht is a fox in the way he juxtaposes these sentiments. At first, I also thought that it would be impossible to act this out. Love and business, almost in the same breath? Of course! We humans are that complex. It's not easy to do, but I'm full of joy when it works.

Tiger Brown is a lonely cowboy — he wanders through this play and is basically always on his own. He would never express this longing for Mack as a man or even a lover. He keeps his feelings bottled up, and I don't even know if he could admit to himself how deeply he feels. He is torn between his post and this impossible friendship or love. In the past, the role was usually played by older gentlemen — either on edge or with a certain distance. That's when Tiger Brown was seen as the boss and a corrupt cop. Too simple, in my opinion. We're going down a different path, which is very exciting and which I hope will work out: that people do occasionally open their hearts.

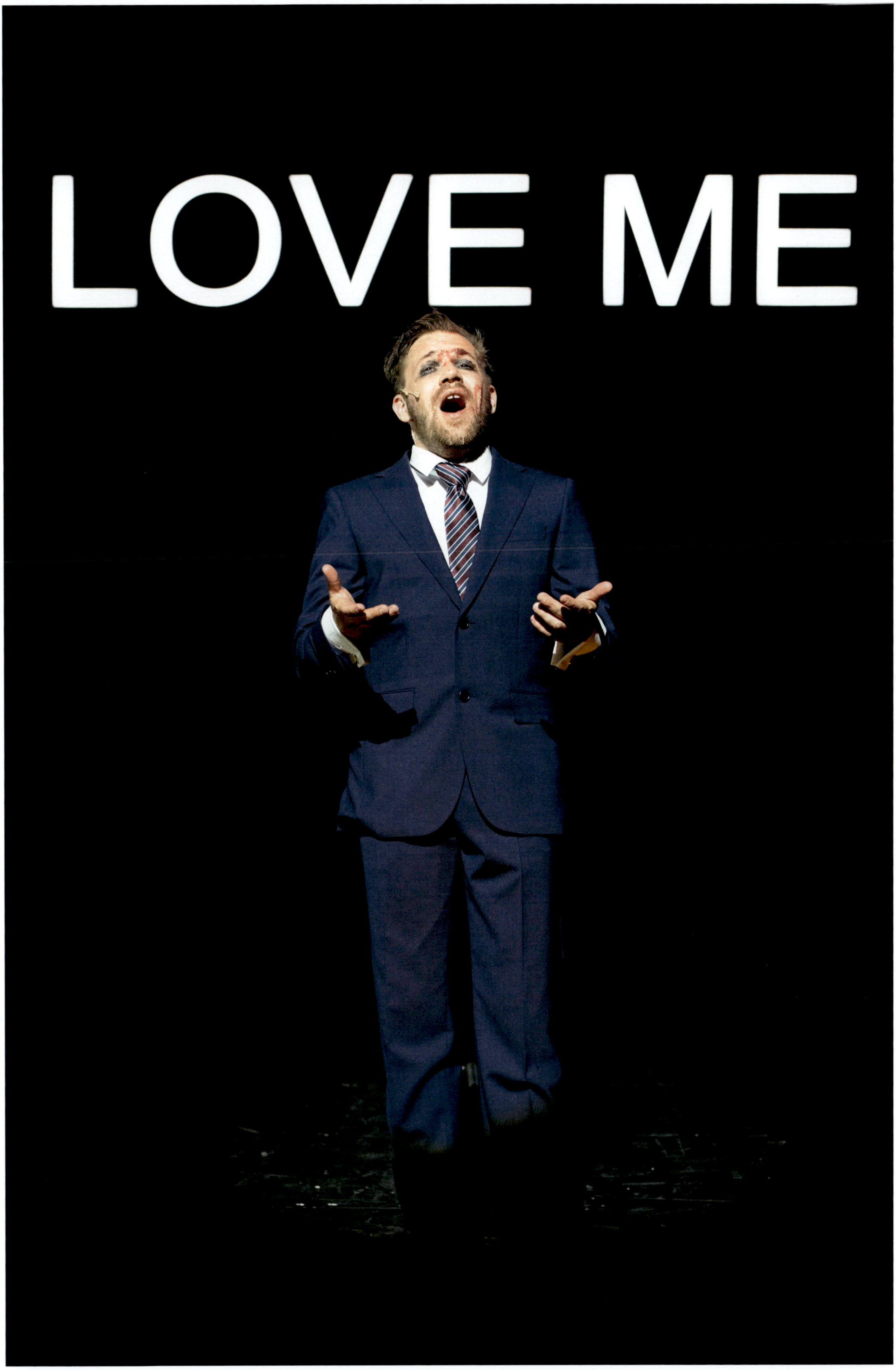
LOVE ME

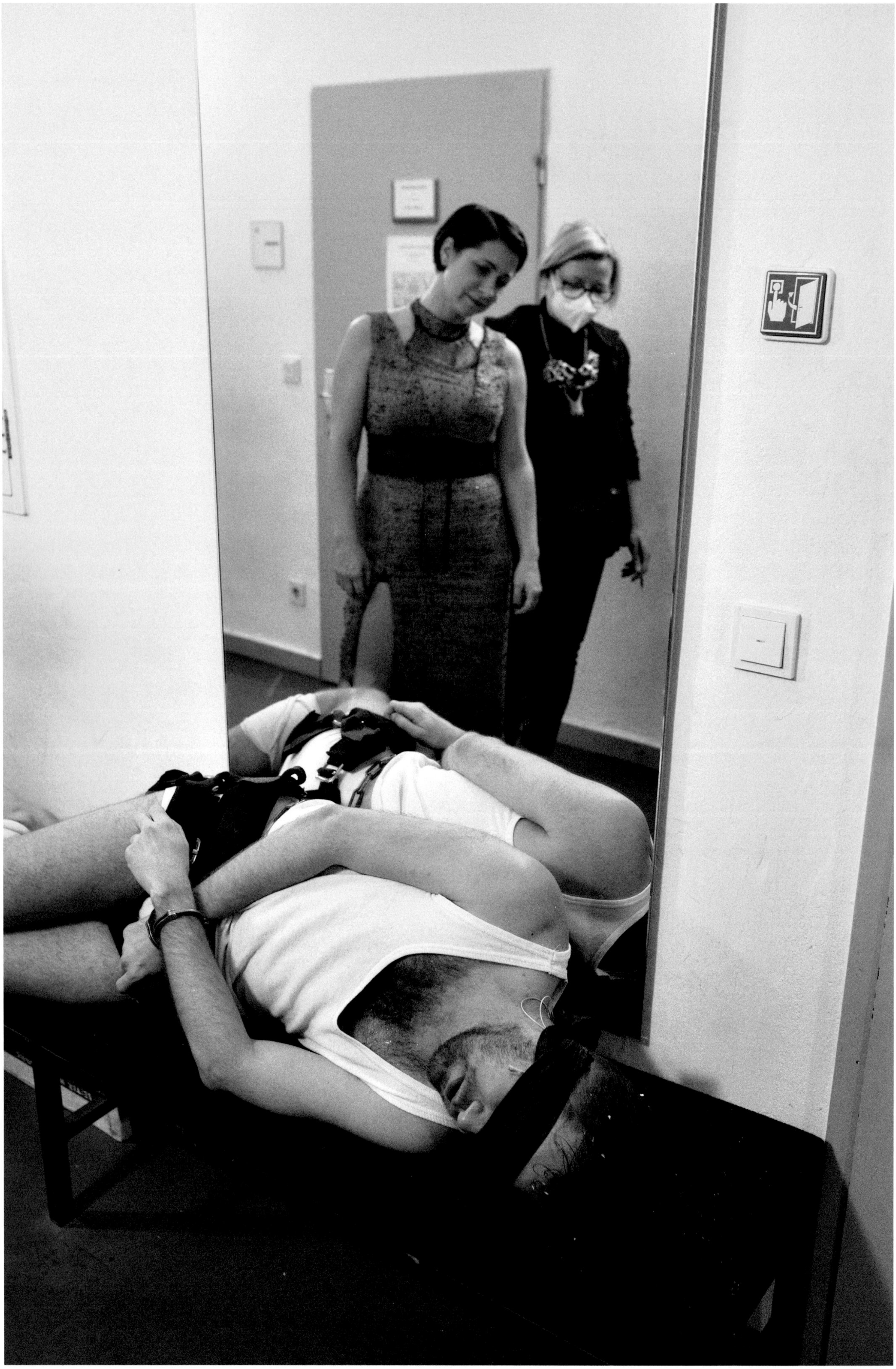

223 *Drittes Dreigroschenfinale*, Nico Holonics (Macheath).
224/225 Nico Holonics, nach der ersten Bühnenprobe mit Kostüm/ Großes Haus, 22. Januar 2021.
226 Nico Holonics, Julia Berger, Ute Carow (Garderobenleitung), erste Bühnenprobe mit Kostüm/Backstage Großes Haus, 22. Januar 2021.
227 Adam Benzwi, Nico Holonics, Barrie Kosky, nach der Premiere/Großes Haus, 13. August 2021.

223 *Third Threepenny Finale*, Nico Holonics (Macheath).
224/225 Nico Holonics, after the first on-stage rehearsal in costume/ Großes Haus, January 22, 2021.
226 Nico Holonics, Julia Berger, Ute Carow (garderobe supervisor), first on-stage rehearsal in costume/Backstage Großes Haus, January 22, 2021.
227 Adam Benzwi, Nico Holonics, Barrie Kosky, after the premiere/Großes Haus, August 13, 2021.

228 Ensemble, Kritik nach der ersten Generalprobe / Großes Haus, 28. Januar 2021.
230 Laura Balzer (Lucy), Bettina Hoppe (Spelunken-Jenny), Barrie Kosky, Leonie Rebentisch, Nico Holonics (Macheath), Josefin Platt (Mond über Soho), nach der ersten Generalprobe / Großes Haus, 28. Januar 2021.
231 Plakat-Fotoshooting / Probebühne, 11. Dezember 2020.

228 Cast, critique after the first dress rehearsal / Großes Haus, January 28, 2021.
230 Laura Balzer (Lucy), Bettina Hoppe (Ginny-Jenny), Barrie Kosky, Leonie Rebentisch, Nico Holonics (Macheath), Josefin Platt (Moon Over Soho), after the first dress rehearsal / Großes Haus, January 28, 2021.
231 Poster-photoshooting / rehearsal stage, December 11, 2020.

Fotoshooting
05.12.20
Die Dreigroschenoper
Ein Stück mit Musik in einem Vorspiel und acht Bildern
nach dem Englischen des John Gay
übersetzt von Elisabeth Hauptmann
Deutsche Bearbeitung von
Bertolt Brecht
Musik von
Kurt Weill
herausgegeben von Stephen Hinton und Edward Harsh
Klavierauszug
(nach dem Text der Kurt Weill Edition, Ser. I, Vol. 5)
UE 31 722-01
Universal Edition

232 Cynthia Micas (Polly), Schlussapplaus nach der Premiere / Großes Haus, 13. August 2021.
233 Barries Hund Sammy / Komische Oper Berlin, 21. November 2020.
234 Ensemble, Schlussapplaus nach der Premiere / Großes Haus, 13. August 2021.
236 Ensemble und Mitarbeiter:innen, nach der Premiere / Großes Haus, 13. August 2021.
238 Barrie Kosky, Adam Benzwi / Probebühne, 8. Januar 2021.

232 Cynthia Micas (Polly), final applause after the premiere / Großes Haus, August 13, 2021.
233 Barrie's dog Sammy / Komische Oper Berlin, November 21, 2020.
234 Ensemble, final applause after the premiere / Großes Haus, August 13, 2021.
236 Cast and employees after the premiere / Großes Haus, August 13, 2021.
238 Barrie Kosky, Adam Benzwi / rehearsal stage, January 8, 2021.

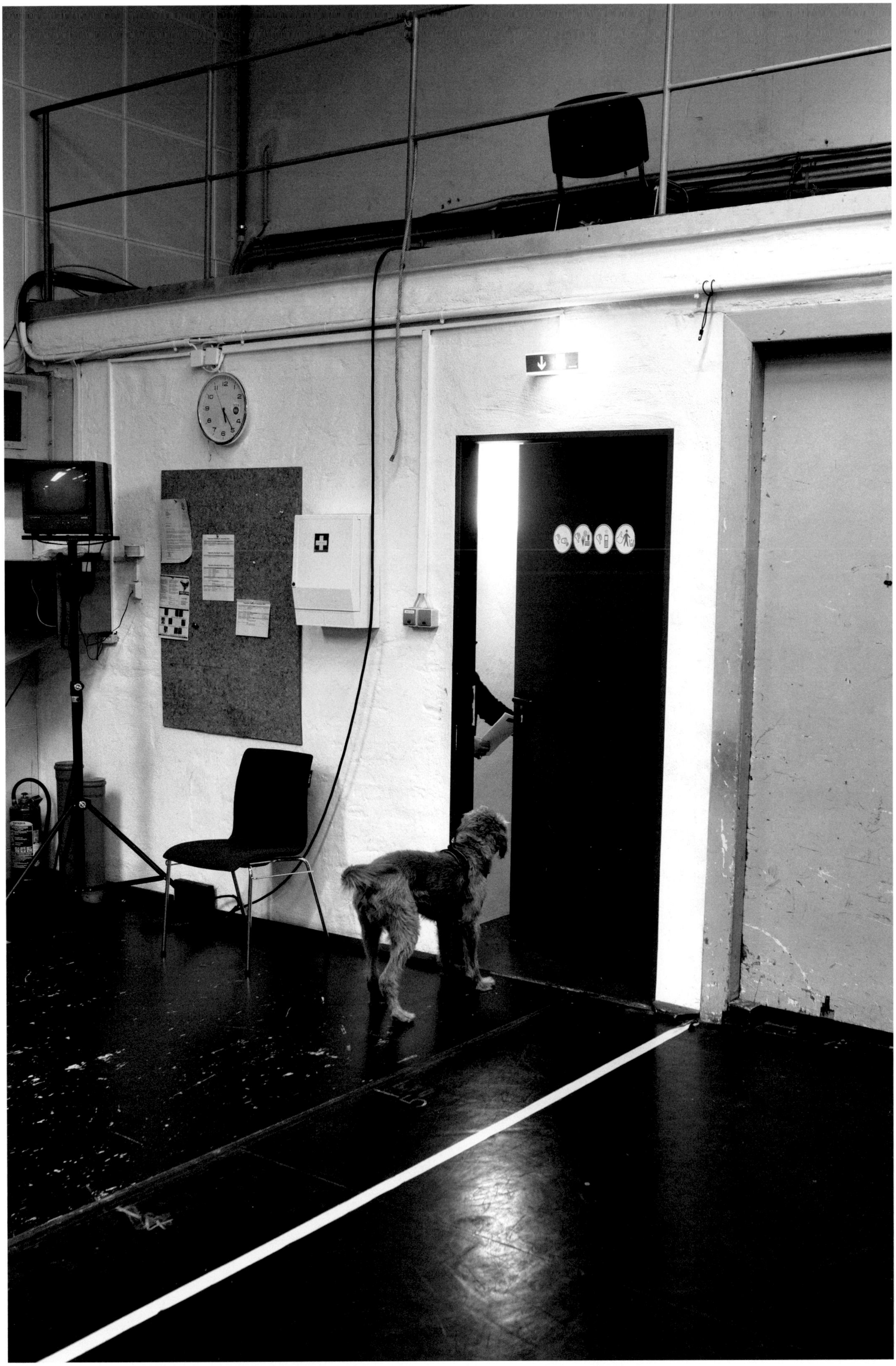

„Es ist nicht *Medea*, es ist nicht *Hamlet*, es ist nicht *Warten auf Godot*, wo jeder Satz stimmt. Warum ist dieses hochproblematische und widersprüchliche Stück weltweit so erfolgreich? Wegen der Musik!“ (Barrie Kosky)

“It is not *Medea*, it is not *Hamlet*, it is not *Waiting for Godot*, where every sentence is right. Why is this highly problematic and contradictory play so successful worldwide? Because of the music!” (Barrie Kosky)

Besetzung
Cast

Die Dreigroschenoper
The Threepenny Opera

nach John Gays *Beggars's Opera*
von Bertolt Brecht (Text) und Kurt Weill (Musik)
unter Mitarbeit von Elisabeth Hauptmann
after John Gay's *Beggar's Opera*
by Bertolt Brecht (book) and Kurt Weill (music)
in collaboration with Elisabeth Hauptmann

Jonathan Jeremiah Peachum und Celia Peachum, Besitzer der Firma *The Beggar's Friend Ltd*
Jonathan Jeremiah Peachum and Celia Peachum, proprietor of *The Beggar's Friend Ltd*
Tilo Nest & Constanze Becker

Polly Peachum, ihre Tochter
Polly Peachum, their daughter
Cynthia Micas

Macheath, genannt Mackie Messer, Chef einer Platte von Straßenbanditen
Macheath a.k.a. Mac the Knife
leader of a band of robbers and muggers
Nico Holonics

Brown, Polizeichef von London
Brown, Chief of Police in London
Kathrin Wehlisch

Lucy, seine Tochter
Lucy, his daughter
Laura Balzer

Spelunken-Jenny, Hure
Ginny-Jenny, whore
Bettina Hoppe

Filch, einer von Peachums Bettlern
Filch, one of Peachum's beggars
Nico Holonics

Macheaths Leute, Straßenbanditen sowie Huren
Macheath's gang, robbers, muggers and whores
Julia Berger, Nico Went, Julie Wolff, Nicky Wuchinger/ Tobias Bieri, Dennis Jankowiak, Denis Riffel, Teresa Scherhag

Smith, erster Konstabler
Smith, First Constable
Nico Went, Nicky Wuchinger/ Tobias Bieri, Dennis Jankowiak, Denis Riffel

Der Mond über Soho und sein Double
The Moon over Soho and their double
Josefin Platt
Heidrun Schug

Leitung, Klavier, Harmonium
Piano, Harmonium
Adam Benzwi / Levi Hammer

Alt Saxophon, Klarinette, Flöte, Piccolo
Alto Saxophone, Clarinet, Flute, Piccolo
James Scannell

Sopran Saxophon, Tenor Saxophon, Bariton Saxophon
Soprano Saxophone, Tenor Saxophone, Baritone Saxophone
Doris Decker

Trompete
Trumpet
Vít Polák

Posaune, Kontrabass
Trombone, Double Bass
Otwin Zipp

Schlagzeug
Percussion
Stephan Genze

Gitarren
Guitars
Ralf Templin

Regie
Direction
Barrie Kosky

Musikalische Leitung
Musical Direction
Adam Benzwi

Bühne
Stage Design
Rebecca Ringst

Kostüme
Costume Design
Dinah Ehm

Licht
Lighting Design
Ulrich Eh

Tongestaltung
Sound Design
Holger Schwark

Dramaturgie
Dramaturgy
Sibylle Baschung

Regieassistenz
Assistant Director
Leonie Rebentisch

Assistenz Musikalische Leitung
Assistant Musical Directors
Levi Hammer, Daniel Busch

Bühnenbildassistenz
Assistant Stage Designers
Annett Hunger, Janina Kuhlmann

Kostümassistenz
Assistant Costume Designer
Svenja Niehaus

Soufflage
Prompter
Manuela Gutsmann, Christine Schönfeld

Inspizienz
Stage Manager
Frank Sellentin

Beleuchtungsinspizienz
Lighting Cue Caller
Kanako Nakagawa

Bühnenmeister
Technical Stage Manager
Mirko Baars, Benedikt Schröter

Ton
Sound
Thorsten Hoppe, Afrim Parduzi,
Sebastian Raffeis

Akustische Gestaltung
Acoustic Design
Ralf Bauer-Diefenbach

Beleuchtung
Lighting
Benjamin Schwigon

Requisite
Props
Timothy Hopfner, Anke Tekath

Maske
Make-Up
Nana Gagel, Lena Hille,
Friederike Reichel

Gaderobe
Wardrobe
Marija Obradovic, Anni Reichmayr,
Alexander Zapp

Impressum
Imprint

Konzept
Concept
Jörg Brüggemann, Florian Lamm, Jan Wenzel

Fotografie
Photography
Jörg Brüggemann

Redaktion
Editing
Hannah Linnenberger

Texte
Texts
Marion Brasch, Juri Sternburg

Grafikdesign
Graphic design
Florian Lamm, Lamm & Kirch

Schrift
Typeface
Matriarcato, Malte Bentzen
Diatype, Dinamo Typefaces

Bildbearbeitung
Lithography
Jan Scheffler, Prints Professional Berlin

Übersetzung
Translation
Jan Caspers

Lektorat
Copyediting
Jan Wenzel

Korrektorat
Proofreading
Jan-Frederik Bandel

Druck und Bindung
Printing and binding
DZA Druckerei zu Altenburg GmbH

Erschienen im Verlag
Published by
Spector Books
Harkortstraße 10
04107 Leipzig
www.spectorbooks.com

Erste Auflage
First edition
Printed in the EU

ISBN 978-3-95905-466-9

Distribution

Deutschland, Österreich
Germany, Austria
GVA, Gemeinsame Verlagsauslieferung Göttingen GmbH & Co. KG, www.gva-verlage.de

Schweiz
Switzerland
AVA Verlagsauslieferung AG, www.ava.ch

Frankreich, Belgien
France, Belgium
Interart Paris, www.interart.fr

Großbritannien
UK
Central Books Ltd, www.centralbooks.com

USA, Kanada, Mittel- und Südamerika, Afrika
USA, Canada, Central and South America, Africa

ARTBOOK / D.A.P., www.artbook.com

Japan
twelvebooks, www.twelve-books.com

Südkorea
South Korea
The Book Society, www.thebooksociety.org

Australien, Neuseeland
Australia, New Zealand
Perimeter Distribution, www.perimeterdistribution.com

Mit freundlicher Unterstützung durch die Freunde des Berliner Ensembles
With friendly support from Friends of the Berliner Ensemble

FREUNDE DES BERLINER ENSEMBLES

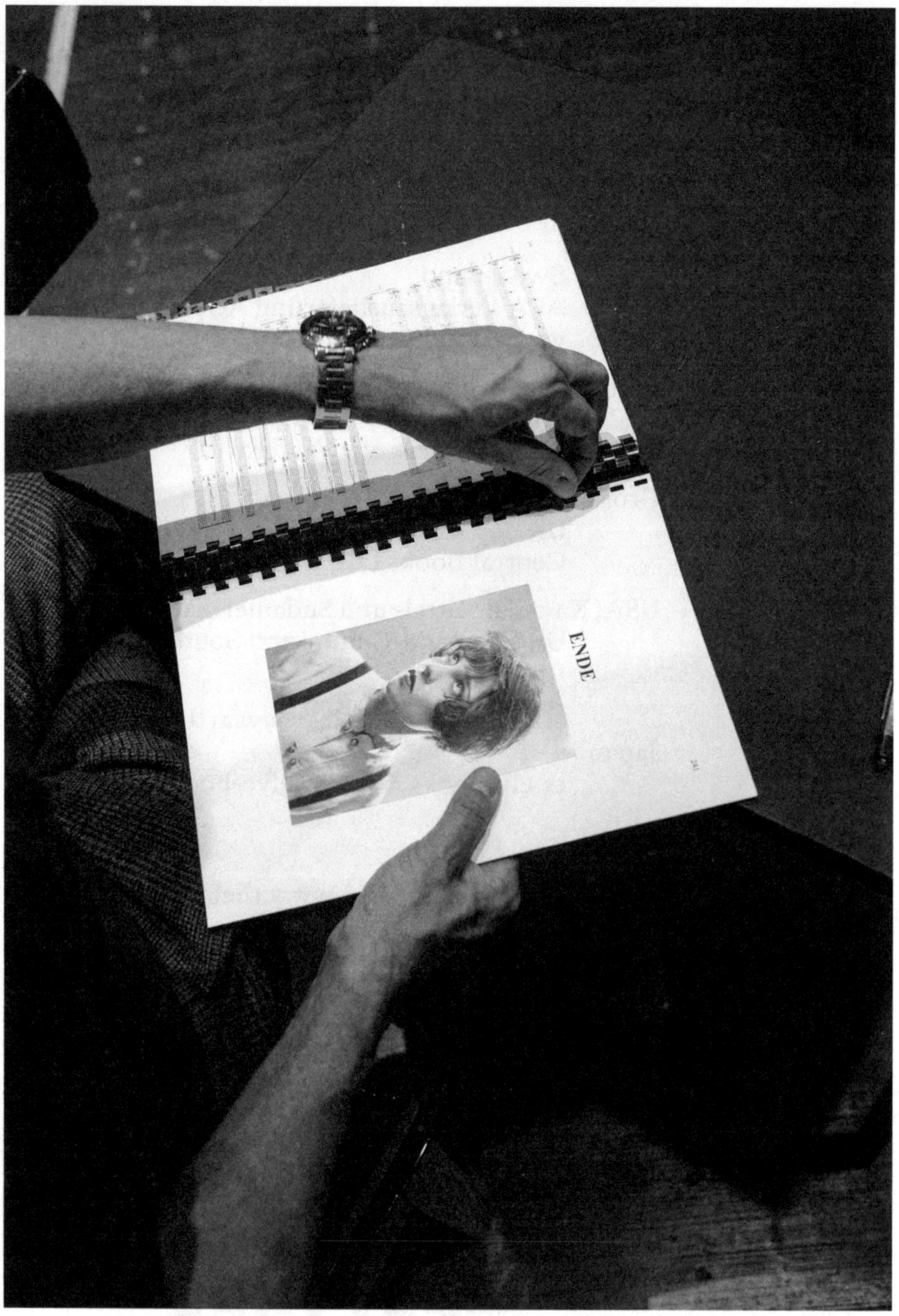

It's just Rock'n'Roll,
enjoy it!